抄寫
勵志英語2

100天成就
更強大的自己

Show up for yourself.

Your vision is yours to choose. If your life were a book, you would decide what chapters and climax to write. No one can determine what your journey should look like; it's up to you. Don't let competitors or critics steal the joy of your vision. You don't have to prove anything to anyone. If your goal is to seek validation, nothing will ever be enough. Just show up for yourself and for the people you deeply care about.

高績效行為教練 **傑伊、莉亞**／著

陳慧瑜／譯

성공하는 리더들의 영어 필사 100일의 기적

• Preface •
前言

「我與他人不同。」

若你打開了這本書，肯定經常有上述想法。明明在你內心深處，強烈感覺到「自己注定有特別的人生」，但對這個世界而言，你卻總是屬於那種「奇怪」或「只是跟其他人不同」的人，而非「特別」的人。

世上所有的領導者皆是如此。
而這世上所有的領導者也都決定鼓起勇氣，相信自己的聲音：「我是特別的，我要過自己的人生，然後創造改變。」而非在意他人想法。

你知道的。
你並不是為了遵從他人而活才來到世上，
而是為了活出自己的人生而存在。

你並不只為了存活下來而存在，
而是為了繁榮與拓展而活。
你並非為了在遊戲中獲勝而存在，
而是為了創造遊戲而努力。

若你是這樣的人，
這本書將傳達給你必備的思維。
某種程度上，甚至可說是由你親自書寫。
因為它是身為領導者的你，決定鼓起勇氣相信的自我思想。

高績效行為教練　傑伊
高績效行為教練　莉亞

• Contents •

PART03　Productivity　生產力

PART04 **Excellence** 成長

PART05 **Proactivity** 積極主動

PART 06 Kindness 友善

PART09　Communication　溝通

本書使用方法

　　市面上有很多抄寫書籍，安慰了許多疲憊的心靈，並讓人以積極的心態看待人生。本書除了安慰與療癒，更傳達了強力且正面的訊息，同時也充滿了賦予動力、讓人下定決心的內容，幫助身為社會一分子的你成長為優秀的領導者。你可以在閱讀這些訊息時一邊做筆記，一邊練習讓自己變得更好。

　　我們建議你每天固定跟著書寫，不過每個人的有效方法不盡相同，請試著替自己找出最能應用這本書的方法。最好能100天持續書寫，即使做不到，也不需想著「我意志力好薄弱」而自責或放棄自己。你可以在某天一次寫數篇，也可在某天只寫下感同身受的句子。建議專注在「生活的成長與結果」等本質上的目標，而非被設定好的標準所局限。若能依循本質，自由、舒適地利用這本書，如禮物般的結果必然會降臨。

https://www.booklife.com.tw/special/63
掃QR Code即可聆聽母語人士英文朗讀

PART

01

Vision

"Your vision is yours to choose."

你的願景由你決定。

"당신의 비전은 당신이 선택하는 것입니다."

from Day 1

Show up for yourself.

Your vision is yours to choose. If your life were a book, you would decide what chapters and climax to write. No one can determine what your journey should look like; it's up to you.
Don't let competitors or critics steal the joy of your vision.
You don't have to prove anything to anyone. If your goal is to seek validation, nothing will ever be enough.
Just show up for yourself and for the people you deeply care about.

DAY
001

為自己表現

你的願景由你決定。假如你的人生是一本書，要寫下哪幾章、哪些高潮迭起，都由你決定。沒有人能決定你的旅程樣貌，這取決於你自己，不要讓競爭者或批評者奪走你願景的樂趣。你不需要向任何人證明，如果獲得他人認可是你追尋的目標，那絕對永無止境。請為了自己與真正珍惜你的人表現吧。

당신을 위해 나타내세요.

당신의 비전은 당신이 선택하는 것입니다. 당신의 인생이 한 권의 책이라면 어떤 챕터와 클라이맥스를 쓸지 결정하는 사람은 당신입니다. 당신의 여정이 어떤 모습일지는 아무도 결정할 수 없습니다. 그것은 당신에게 달려 있습니다. 경쟁자나 비평가가 당신의 비전의 즐거움을 빼앗아 가도록 하지 마세요. 아무에게도 증명할 필요는 없습니다. 만약 누군가의 인정을 추구하는 것이 목표라면, 그 어떤 것도 충분하지 않을 것입니다. 그저 당신과 당신이 진심으로 아끼는 사람들을 위해 나타내세요.

· it's up to you 取決於你　· validation 認可

Everyone's path is unique.

If you're wondering about your vision, don't worry. Everyone's path is unique, so vision differs for each individual. Some have a clear sense of where they're headed in life. Some have already reached their goals and are now curious about what's next. Some haven't even begun yet. Regardless of where you find yourself, understand that there are no right or wrong answers. Allow yourself to explore your passions and talents. Let yourself envision what's possible for you.

每個人的路都是獨特的

如果你質疑自己的願景，請別擔心。每個人的路都是獨特的，也因此每個人的願景都不盡相同。有些人很確定自己的人生方向；有些人則已抵達目標，開始好奇接下來的發展；也有些人可能尚未開始。不管你人在哪裡，請記住沒有所謂的非黑即白。請你探索自己的熱情與才能，想像你的無限可能。

모든 사람들의 길은 고유합니다.

당신의 비전에 대해 의심하고 있다면, 걱정하지 마세요. 모든 사람들의 길은 고유해서, 비전은 개인마다 다릅니다. 어떤 사람들은 자신이 인생에서 어디로 향할지에 대해 명확한 감을 가지고 있습니다. 어떤 사람들은 이미 목표에 도달했고 이제 다음에 무엇이 있을지 궁금해합니다. 아직 시작도 하지 않은 사람들도 있습니다. 당신이 어디에 있든, 옳고 그른 답이 있는 것이 아님을 이해하세요. 당신의 열정과 재능을 탐험할 수 있도록 스스로를 허락하세요. 당신이 무엇이 가능한지 상상해 보세요.

Everyone's path is unique.

· head 面向　· curious 好奇的　· regardless of 無關於～　· envision 想像

Dream big.

Don't limit yourself. Don't let fear steal your future.
Your possibilities are practically endless.
Allow yourself to dream big.
Step out of your comfort zone.
Don't get discouraged by gaps or setbacks – they're all part of the journey.
The process is where real blessings and joy lie.
Challenge yourself. See how far you can go and enjoy the ride.

DAY
003

懷抱巨大夢想

別畫地自限，別讓恐懼偷走你的未來。事實上，你擁有無限可能，請懷抱巨大的夢想吧。走出舒適圈，不要因為（夢想與現實之間的）差距與挫折而感到灰心，這只是你旅程的一部分罷了，你會在過程中懷抱真正的祝福與欣喜。試著挑戰自我，享受人生的旅程，再看看自己能走多遠。

큰 꿈을 가지세요.

자신을 제한하지 마세요. 두려움이 당신의 미래를 훔치게 두지 마세요. 당신의 가능성은 사실상 끝이 없습니다. 꿈을 크게 꾸세요. 안전지대 밖으로 나가세요. (꿈과 현실 사이의) 격차나 차질에 낙담하지 마세요. 이것들은 모두 여정의 일부입니다. 과정 속에 진정한 축복과 기쁨이 있습니다. 스스로를 도전해 보세요. 인생의 여정을 즐기며 얼마나 멀리 갈 수 있는지 보세요.

Dream big.

_____

_____

_____

_____

_____

_____

_____

_____

_____

_____

_____

_____

· practically 事實上、幾乎　· setback 差錯　· enjoy the ride 享受過程

Let yourself fully dream.

What gets you up in the morning?
What impact do you wish to make?
Close your eyes for a moment and let yourself dream.
Make your vision come alive. Let your dreams be more than just
thoughts; let them be the driving force behind your every step.
Visionaries don't wait for opportunities; they create them.
You can make a difference.

DAY 004

盡情去夢想

是什麼讓你從早晨的被窩起來（你從哪件事上得到熱情）？你希望對他人造成什麼樣的影響？請閉上雙眼一會兒，讓自己做個夢。請鮮明地重現你的願景，讓你的夢想不再只是單純的想法，讓夢想成為所有引領你腳步的原動力。擁有願景的人不會只顧著等待，而是自行創造機會。你正是那個可做出改變的人。

마음껏 꿈을 꾸세요.

무엇이 당신을 아침에 일어나게 하나요(어떤 일에 열정을 느끼시나요)? 어떤 영향을 미치길 원하시나요? 잠시 눈을 감고 스스로 꿈을 꾸도록 허락해 보세요. 당신의 비전이 살아 숨 쉬게 하세요. 당신의 꿈이 단순한 생각 그 이상이 되도록 하세요. 꿈이 모든 발걸음을 이끄는 원동력이 되도록 하세요. 비전을 가진 자들은 기회를 기다리지 않고 기회를 만듭니다. 당신은 변화를 만들 수 있습니다.

Let yourself fully dream.

· driving force 推進力　· visionary 擁有確實願景的人

Where do you belong?

There are only two kinds of people in this world.

First, there are those who step into the arena. They seize every opportunity and create their own story.

Then there are those who are spectators. They chit-chat about the player's game.

If you are actively pursuing your dreams and taking steps toward your goals, you are not on the sidelines. You are in the game, making every moment count. You are the one who has courageously jumped into the arena.

DAY 005

你歸屬何處？

世上只有兩種人。一種是在競技場上奔走的人，這些人會緊抓機會，打造自己的故事；另一種則是觀賞競技的人，這些人專門對選手的競技品頭論足。若能積極追求夢想，往目標邁進，你就不會是那個只觀賞的人。你將實際參與競技，不錯過每個重要瞬間。你是在競技場上奔馳的勇者。

당신은 어디에 속해 있나요?

세상에는 두 종류의 사람밖에 없습니다. 첫 번째는 실제 경기장에 뛰어든 사람들입니다. 이들은 모든 기회를 붙잡아 본인의 스토리를 만들어 갑니다. 그리고 경기를 구경하는 사람들이 있습니다. 이들은 선수들의 경기에 대해 이러쿵저러쿵 말합니다. 적극적으로 꿈을 추구하고 목표를 향해 나아가고 있다면, 당신은 지켜만 보고 있는 사람이 아닙니다. 실제로 경기에 참여해 매 순간을 중요하게 만들고 있습니다. 당신은 용기 있게 경기장에 뛰어든 사람입니다.

_____

_____

_____

_____

_____

_____

_____

_____

_____

_____

_____

_____

_____

．arena 競技場　．seize 抓住　．chit-chat 品頭論足
．on the sidelines 旁觀的、作為旁觀者　．make something count 使～有意義

Focus on constructive conversations.

As long as you keep pushing toward your dream, you're inevitably going to showcase your products, ideas, and yourself.

Along the way, there are always going to be nosy folks who have something to say. They are the ones who are quick to criticize but slow to take action. When you come across them, remember this: their opinions are not worth your time.

Use your time in constructive conversations with those who genuinely want you to win. They are respectful, because they too, know what it's like to take massive actions toward their dreams.

專注於有建設性的對話

在你持續奔向夢想時，必然會向世人展現你的成果、思想與自我。而其中多少有對該過程說三道四的人，這些人善於批判他人，卻怠於行動。如果你遇到這些人，請記住，他們的意見不值得你在意。請利用時間與真心希望你獲勝的人進行有建設性的對話，這些人會尊重你，因為他們也是一群懂得為自己的夢想採取重大行動的人。

건설적인 대화에 집중하세요.

당신이 꿈을 향해 계속해서 나아가는 한, 당신은 필연적으로 사람들에게 당신의 결과물, 생각, 그리고 당신 스스로를 드러내게 되어 있습니다. 그리고 그 과정에서 이러쿵저러쿵 참견하고 싶어 하는 사람들은 언제나 있을 것입니다. 이들은 남을 비판하는 것은 잘하지만, 정작 행동은 느린 사람들입니다. 이들을 마주하게 된다면 기억하세요. 이들의 의견은 당신이 신경 쓸 가치가 없습니다. 당신이 이기기를 진심으로 원하는 사람들과의 생산적인 대화에 시간을 쓰세요. 그들은 당신을 존중합니다. 그들 역시 자신의 꿈을 향해 거대한 행동을 취하는 것이 어떤 것인지 알고 있기 때문이죠.

_____

_____

_____

_____

_____

_____

_____

_____

_____

_____

_____

_____

_____

_____

_____

_____

· inevitably 必然地　· showcase 公開、展現　· folks 人們
· come across 遇見　· genuinely 真實地

Whose advice should you listen to?

For someone's advice to truly resonate with you, you need context.
Their words can only truly sink in once you fully understand their life.
To integrate their wisdom into your own, you've got to live a somewhat similar life.
Be selective on whose advice you want to listen to.
Find those who have lived the life to which you aspire. Study their journeys and create your own path.

DAY 007

應該聽誰的建議？

如果想知道對方的忠告是否真的對你有意義，就需要了解情境。只有在了解對方的生活時，你才有可能消化對方的忠告。為了將這些人的智慧融入你的生活，你必須活過類似的人生。因此，請慎選聆聽的建議。找到活過你真正想活的人生對象，觀察他們的人生旅程，開創你自己的道路。

누구의 조언을 들어야 할까요?

누군가의 충고가 당신에게 진정으로 의미 있으려면, 문맥이 있어야 합니다. 누군가의 충고는 그 사람의 삶을 오롯이 이해할 때 소화 가능한 것입니다. 그들의 지혜를 당신의 삶으로 녹여내기 위해서는 당신 스스로도 비슷한 인생을 살아야 합니다. 그러니 누구의 조언을 들을 것인지 신중히 선택하세요. 당신이 정말 살고 싶은 삶을 먼저 산 사람을 찾으세요. 그들의 삶의 여정을 살펴보고 당신만의 길을 만들어 가세요.

· resonate 迴盪、感同身受　· sink in 充分理解　· integrate 整合
· somewhat 某種程度　· selective 選擇的　· aspire 渴望

Let go of uncertainty.

If you could wholeheartedly love everything you cherish,
if you could let go of your obsession with uncertain outcomes and find
freedom, and if, as a result, you could pursue what you desire without fear,
how would your life and achievements be different?
You would progress toward your desired outcomes and find immense
satisfaction and fulfillment that can't be taken away.

放下不確定感

若你可以真心喜愛所珍惜的一切，放下對不確定結果的執著、追尋自由，並毫不
猶豫、無畏地做想做的事，會為生活與成就帶來什麼變化？你將在邁向希望成果
的道路上，獲得誰也無法奪走的巨大滿足與成就感。

불확실함을 내려놓으세요.

당신이 소중히 하는 모든 것을 진심으로 사랑할 수 있다면, 불확실한 결과를 향한 집착을 내려놓고 자유로움을 추구
할 수 있다면, 그래서 두려움 없이 당신이 원하는 일을 거침없이 할 수 있다면, 당신의 삶과 성과에 어떤 변화가 생길
까요? 당신이 원하는 성과를 향해 나아가며 그 누구도 빼앗아 갈 수 없는 큰 만족과 충만함을 느끼게 될 것입니다.

Let go of uncertainty.

· let go of 放下　· wholeheartedly 真心地
· cherish 珍惜　· immense 非常大的

Remain unshaken.

Those who dwell in regret and resentment tend to crumble easily.
Those who haven't figured out what they truly desire in life tend to
crumble easily. Those who lack something significant to protect tend to
crumble easily.
On the flip side, those who never lose sight of endless possibilities
remain unshaken. Those who dare to go after what they truly desire
remain unshaken. Those who have something precious to guard remain
unshaken.

請別動搖

沉浸在後悔與怨恨中的人，容易崩潰；不清楚人生真心想要的人，容易被打倒；
沒有重要事物守護的人，則容易潰敗。相反的，擁有無限可能性的人從不動搖。
大膽追尋真正想要事物的人從不猶豫，守護珍貴事物的人從不遲疑。

흔들리지 마세요.

후회와 원망에 머무르는 이들은 쉽게 무너집니다. 인생에서 진정으로 원하는 것이 무엇인지 알지 못한 이들도 쉽게
무너집니다. 지켜야 할 중요한 것이 없는 이들도 쉽게 무너집니다. 반면에, 무한한 가능성의 시야를 잃지 않는 이들은
흔들리지 않습니다. 진정으로 원하는 것을 과감하게 좇는 이들은 흔들리지 않습니다. 지켜야 할 소중한 것이 있는 사
람은 흔들리지 않습니다.

‧ unshaken 不動搖的　‧ dwell 生活、停留（在某種情緒中）　‧ tend to~ 有～的傾向
‧ crumble 崩潰　‧ on the flip side 相反的　‧ dare to 大膽地做

Be free to be the best version of yourself.

The moment you realize nothing can stand in your way, you become free.
You are free to go after your burning passions.
You are free to give yourself what you truly desire.
You are free to be the best version of yourself.
You are free to focus on what truly matters to you.
Nothing can stop you from getting what you truly desire.
Nothing can stand in the way of becoming the person you're meant to be.

DAY 010

成為你最棒的樣子

當你發現沒有任何事情可以阻擋你時，你就自由了。你可以自由追尋那熊熊燃燒的熱情，給予自己真正想要的事物。你有成為最棒模樣的自由，你有專注在真正重要事物上的自由。沒有任何事情可以阻止你獲得真正想要的東西，也沒有任何事情可以阻礙你成為想要的樣子。

당신 최고의 모습이 되세요.

아무것도 당신을 방해할 수 없다는 것을 깨닫는 순간 당신은 자유로워집니다. 당신은 활활 타오르는 열정을 자유롭게 추구할 수 있습니다. 당신이 진정으로 원하는 것을 스스로에게 줄 수 있습니다. 당신은 최고의 모습이 될 자유가 있습니다. 당신에게 진정으로 중요한 것에 집중할 자유가 있습니다. 그 어떤 것도 당신이 진정으로 원하는 것을 얻는 것을 막을 수 없습니다. 그 어떤 것도 당신이 원하는 모습이 되는 것을 방해할 수 없습니다.

Be free to be the best version of yourself.

_____

_____

_____

_____

_____

_____

_____

_____

_____

_____

_____

_____

_____

· stand in your way 成為阻礙　· go after 追求

PART
02

Self-Leadership

"Surround yourself with genuine, positive,
and growth-minded individuals as you continue
to cultivate your amazing garden."

「讓你自己被一群真心、積極與成長的人圍繞，
持續打造專屬於你的美妙庭園。」

"당신에게 진심이고 긍정적이며, 성장을 하는 사람들에게 둘러싸여
당신만의 멋진 정원을 계속해서 만들어 가세요."

from Day 13

Set intentions.

Great leaders always set intentions even in simple tasks.
The opposite of 'setting intentions' is 'reacting to everything.'
If you don't set an intention to 'create the best energy in the morning,' your morning becomes a reaction to fatigue, or an immediate reaction to pick up your smartphone.
Without intention, you'll spend the next month reacting to various events happening around you. A month can quickly pass by, far from how you wanted it to be. What intentions do you want to set for yourself?

設立目標

即使是在做非常簡單的事情，優秀的領導人也總是會設立目標。「設立目標」的相反，即為「對所有事情起反應」。如果沒有設立「早上要發揮最大能量」等目標，就只會對早晨的疲憊感或手機起反應。如果你沒有任何目標，你就會在接下來一個月內，對周圍發生的各種事起反應。你會逐漸遠離自己的目標，並渾渾噩噩地迅速度過這一整個月。你想設立什麼樣的目標？

의도를 세우세요.

훌륭한 리더들은 아주 간단한 일을 할 때에도 항상 의도를 세웁니다. '의도를 세우는 것'의 반대는 '모든 것에 반응하는 것'입니다. '아침에 최상의 에너지를 만든다'는 의도를 세우지 않는 사람은 피곤함에 반응하는 아침, 또는 스마트폰에 반응하는 아침을 보낼 것입니다. 아무런 의도가 없다면 당신은 다음 한 달 동안을 주변에서 일어나는 다양한 일들에 반응하며 보낼 수밖에 없습니다. 당신의 의도와는 동떨어진 한 달이 빠르게 지나갈 것입니다. 당신은 어떤 의도를 세우고 싶으신가요?

Set intentions.

· fatigue 疲勞　· pass by 經過

Recharge yourself.

The reason behind your lack of motivation may be simpler than you think.
It often comes down to your physical energy.
When you're exhausted, it's tough to get motivated.
If you are sleep-deprived, have a lousy diet, and don't exercise, you'll feel sluggish and less motivated.
Instead of thinking, "Why am I not motivated?," swap alcohol for a refreshing glass of water. Take a walk. Sleep an hour earlier tonight. You'll wake up feeling recharged and more motivated.

重新充電

你缺乏動力的原因，可能比想像的還簡單。缺乏動力經常與身體能量相關，在疲憊的狀態下難以產生動力。若再加上睡眠不足、飲食不均衡、荒廢運動，更會失去熱情、動力低落。比起思考「為什麼我缺乏動力」，不如別喝酒，試著喝杯清涼的礦泉水、散步，今晚比平常早一小時睡覺。重新充電後，才能以充滿動力的狀態迎接早晨。

재충전을 하세요.

당신이 동기 부여가 안 되는 이유는 생각보다 더 간단할 수 있습니다. 동기 부여가 안 되는 이유는 신체적 에너지와 관련된 경우가 많습니다. 지친 상태에서는 동기 부여가 잘되지 않습니다. 만약 수면도 부족하고, 형편없는 식사를 하고, 운동도 하지 않는다면, 당신은 의욕이 없고 동기 부여가 낮을 것입니다. '왜 나는 동기 부여가 안 되지?'라고 생각하는 대신, 술 대신 상쾌한 생수를 한 잔 마시고, 산책하고, 오늘 밤에 1시간 일찍 잠들어 보세요. 에너지가 재충전되고 동기 부여가 된 상태로 일어날 것입니다.

Recharge yourself.

· It comes down to 最終為～的關鍵　· sleep-deprived 睡眠不足的
· sluggish 懶惰的、懶散的　· swap 改變　· refreshing 清涼的　· take a walk 散步

Your pace is yours to decide.

Your pace is yours to decide. You don't need anyone's validation.
No matter how intelligent or successful someone may be, they can't determine what truly matters to you. Have faith in your potential and start tending to your own garden to achieve the outcome you desire. Even if it takes time, the harvest will come.
Surround yourself with genuine, positive, and growth-minded individuals as you continue to cultivate your amazing garden.

你的速度由你決定

你的速度由你決定，不需要尋求任何人的許可。不管是多聰明又成功的人，也無法為你決定什麼才是真正重要的。相信自己的可能性，培養達到你希望成果的耕地即可。即便會花些時間，終會有收穫。請讓你自己被一群真心、積極與成長的人圍繞，持續打造專屬於你的美妙庭園。

당신의 속도는 당신이 결정하면 됩니다.

당신의 속도는 당신이 결정하면 됩니다. 그 누구의 허락도 구할 필요가 없습니다. 아무리 똑똑하고 성공한 사람도 당신에게 무엇이 진정으로 중요한지 결정할 수 없습니다. 당신의 가능성을 믿고, 당신이 원하는 결과를 위한 텃밭을 가꾸면 됩니다. 시간이 걸리더라도 결국 열매는 열립니다. 당신에게 진심이고 긍정적이며, 성장을 하는 사람들에게 둘러싸여 당신만의 멋진 정원을 계속해서 만들어 가세요.

Your pace is yours to decide.

· validation 驗證、評價　· tend 照顧　· surround 圍繞　· cultivate 耕作

Align your thoughts with your inner champion.

Here's how to talk to yourself to grow.
When you feel like you're not good enough, say,
"I have something valuable to offer to this world."
When you're discouraged from failure, ask,
"What can I take away from this experience?"
When you feel overwhelmed, ask,
"What small step can I take today to get closer to my goals?"
What you need to do is align your thoughts with your inner champion, not
your inner critic. Replacing self-doubt with self-belief is one of the most
powerful things you can do for yourself.

DAY
014

在內心想著你就是冠軍

為了成長，請這樣告訴你自己。當你覺得自己略有不足時，
請試著說：「我擁有值得給予世上的東西。」當你因為失
敗而灰心喪志時，請試著說：「我可以從這個經驗學到什
麼？」當你覺得吃力時，請試著說：「為了更接近我的目
標，今天可以踏出怎樣的一小步？」你該做的不是在內心批
評自己，而是想著自己就是那個冠軍。用信念代替質疑，是
你能為自己所做最強大的事之一。

내면의 챔피언다운 생각을 하세요.

성장을 위해 스스로에게 이렇게 이야기해 보세요. 당신이 부족하다고 느낄 때에는 "난
이 세상에 줄 수 있는 가치 있는 것을 가지고 있어."라고 말해 보세요. 실패로 인해 낙담
할 때 "이 경험에서 무엇을 배울 수 있을까?"라고 말해 보세요. 버겁다고 느껴질 때는
"내 목표에 더 가까이 다가가기 위해 오늘 어떤 작은 발걸음을 내딛을 수 있을까?"라고
말해 보세요. 당신이 해야 할 일은 내면의 비평가가 아닌 내면의 챔피언이 할 만한 생각
을 하는 것입니다. 자기 의심을 자기 신념으로 대체하는 것은 당신이 스스로를 위해 할
수 있는 가장 강력한 것 중 하나입니다.

Align your thoughts with your inner champion.

· align 配合～調整、使一致　· take away 獲得學習

Think clearly.

There is a distinction between thinking deeply and thinking clearly. While deep thinking can be enlightening, it doesn't always lead to simple decision-making. Thinking deeply doesn't make it easier to decide, especially when self-doubt creeps in.

On the other hand, having clarity will make decisions feel effortless. If you want to make a decision and take action, gain clarity. Simplify your ideas and situations to wipe out any confusion.

DAY
015

明確思考

深度思考與明確思考有其差異。深度思考可以幫助你獲得啟發，但並不總是導向簡單決策，特別是當你逐漸產生質疑時，深度思考可能反而讓決定事情難上加難；相反的，抱持明確態度，可讓你輕鬆決定事情。當你想做某個決定，請抱持明確性。你必須將思考與狀況單純化，才能排除混亂因素。

명확하게 생각하세요.

깊이 생각하는 것과 명확하게 생각하는 것의 차이가 있습니다. 깊이 생각하는 것이 깨우침을 주는 데 도움이 될 수 있지만, 그것이 항상 단순한 의사결정으로 이어지는 것은 아닙니다. 특히 자기 회의감이 서서히 생길 때 깊이 생각하는 것이 결정하는 것을 쉽게 만들진 않습니다. 반면에, 명료함을 갖는 것은 쉽게 결정할 수 있게 해 줍니다. 결정을 내리고 행동을 취하고 싶다면 명확성을 가지세요. 혼란을 없애기 위해 생각과 상황을 단순화하세요.

Think clearly.

· enlightening 給予啟示　· self-doubt 自我懷疑　· creep 慢慢接近
· clarity 明確　· effortless 不費力的、輕鬆的　· wipe out 排除

Choose your thoughts.

Great leaders are deliberate with their thoughts.
You can either let unintentional thoughts ruin your day,
or practice intentional thoughts to create your best day.
For example, your brain might say something like,
"There's no way that I can do this."
Instead of agreeing with it, say, "I'll find a way."
This thought opens up your possibility, while the other closes it down.

選擇你自己的想法

優秀的領導者會審慎地選擇自己的想法。你可以讓非己所願的想法毀了一天,也可練習審慎地選擇想法,來創造最棒的一天。好比說,試著讓大腦思考以下內容:與其同意「沒有方法可以做到這件事」,不如說「我一定要找到方法」。這個想法可以開拓你的可能性,其他想法則會將它扼殺。

생각을 선택하세요.

훌륭한 리더들은 자신의 생각을 의도적으로 선택합니다. 당신은 의도하지 않은 생각이 당신의 하루를 망치게 하거나, 최고의 하루를 만들기 위해 의도적인 생각을 연습할 수 있습니다. 예를 들어, 당신의 뇌는 다음과 같은 말을 할 수 있습니다. "이걸 할 수 있는 방법은 없어." 그것에 동의하는 대신에, "방법을 찾아보겠어."라고 말해 보세요. 이 생각은 당신의 가능성을 열어 주는 반면, 다른 생각은 가능성을 닫습니다.

Choose your thoughts.

· deliberate 謹慎的　· ruin 毀掉

It requires training.

People try to eliminate anxiety simply by managing their mindset.
However, overcoming anxiety requires training and practice.
People often think that as their skills improve and they train harder, the
'pressure' will disappear. But for those who continue to grow and follow
their goals, that pressure will always follow them.
Dealing with pressure requires managing your mindset. If you feel anxious
doing something, take it as a sign to get better at it. If you feel pressure,
take it as a sign to be gentle with yourself.

你需要訓練

DAY
017

人們希望靠安撫心情來消除不安，但克服不安其實需要訓練
與練習。人們認為只要增加實力、多加訓練，就可以消除
「壓力」。然而，對於持續成長、邁向目標的人而言，壓力
總是存在。若要緩解壓力，就需要安撫自己的內心。當你在
做某件事而感到不安時，意味著你需要做得更好。而若感覺
到壓力，則是要你更善待自己。

훈련이 필요합니다.

사람들은 마음을 다스리는 것만으로 불안함을 없애려고 합니다. 하지만 불안함을 극복
하기 위해선 훈련과 연습이 필요합니다. 사람들은 실력이 늘고 훈련을 많이 하면 '부담
감'이 없어질 것이라고 생각합니다. 하지만 계속해서 성장하며 목표를 향해 나아가는 이
들에게 부담감은 항상 따라다닐 것입니다. 부담감을 다스리는 것은 스스로의 마음을 다
스릴 것을 필요로 합니다. 무언가를 할 때 불안감을 느낀다면 더 잘하라는 의미로 받아
들이세요. 부담감을 느낀다면 자신을 더 부드럽게 대하라는 의미로 받아들이세요.

It requires training.

· anxiety 不安、擔憂　· pressure 壓力

Be your own biggest supporter.

While taking on challenges, what's truly important is self-love.
Challenging and failing, not achieving the best in competition, can be quite overwhelming at the moment.
But through it all, be your own best friend and hold a firm belief that you will ultimately create the life you desire. You are your most significant supporter. Your self-talk and self-belief can either lift you up or bring you down.
"I am my own biggest supporter."

成為自己最可靠的支持者

在挑戰的過程中最重要的，是愛你自己。在競爭中無法勝出時，挑戰與失敗會讓你感到吃力。不過最終，請成為自己的最佳戰友，並強烈相信自己能在將來創造想要的生活。你就是自己最重要的支持者，你對自己說的話與信念，會引領你不坐以待斃。
「我是自己最可靠的支持者。」

자신의 든든한 지원자가 되세요.

도전을 하는 과정 중에 정말 중요한 것은 스스로에 대한 사랑입니다. 경쟁에서 최고가 되지 못한 것과 같이 도전과 실패가 벅찰 때가 올 것입니다. 하지만 결국에는 자신의 든든한 지원자가 되어 언젠가는 당신이 원하는 삶을 창조해 낼 것이라는 강력한 믿음을 가지세요. 당신 스스로가 가장 중요한 지원자입니다. 스스로에게 하는 말과 스스로에 대한 신념이 당신을 이끌어 주거나 주저앉게 할 수 있습니다.
"나는 나의 가장 든든한 지원자이다."

Be your own biggest supporter.

· hold a belief 抱持信念

Allow yourself to feel bored.

Get used to the feeling of boredom.
If you allow yourself to feel bored, you won't waste your precious life.
The more you seek instant pleasure to make up for boredom, the weaker
you become. The more you are okay with any feelings, the stronger you
become.
What do you do when you feel bored? Do you allow it to exist, or do you
indulge in a quick dopamine hit?

允許自己厭倦

請習慣厭倦。若你允許自己感到厭倦,就不會浪費寶貴的人
生。為了補足那份厭倦而追求瞬間的快樂,只會讓自己變得
更脆弱。你愈不在意感受到的情緒,就愈能變得堅強。你無
聊時會做什麼?你會允許自己厭倦,還是隨即沉溺於多巴胺
的漩渦之中?

지루함을 허락하세요.

지루함에 익숙해지세요. 당신이 지루함을 느낄 수 있도록 허락한다면, 당신의 소중한 삶
을 낭비하지 않을 것입니다. 지루함을 보충하기 위해 순간적인 즐거움을 추구할수록 당
신은 더 약해집니다. 당신이 어떤 감정에도 괜찮을수록, 당신은 더 강해질 것입니다. 심
심할 때 무엇을 하시나요? 지루함을 허락하나요, 아니면 즉각적인 도파민에 빠져드나
요?

Allow yourself to feel bored.

· precious 珍貴的　· indulge in 掉入、沉溺

Burnout doesn't happen overnight.

Burnout doesn't happen overnight. Burnout is the result of prolonged habits — diet, working hours, rest, mindset, and even exercise habits. It's a combination of choices we've been making for a long time.

You might not want to hear it, and you might even resent it, but burnout is a choice. When we accept that, it transforms from something we fear to something we can control.

倦怠不會在一瞬間到來

倦怠不會在一瞬間到來，它是長久習慣的結果，飲食習慣、工作時間、休息、心情、運動習慣等都是，它是長久以來我們做過選擇的綜合體。你可能不想聽，也可能會埋怨，但倦怠其實也是種選擇。若你承認倦怠是種選擇，就會認知到它並非恐懼的對象，而能加以控管。

번아웃은 한순간에 오지 않습니다.

번아웃은 한순간에 오지 않습니다. 번아웃은 오랜 습관의 결과입니다. 식습관, 근무 시간, 휴식, 마음, 운동 습관이 이에 해당합니다. 오랜 시간 동안 우리가 한 선택들이 조합된 것입니다. 당신은 듣고 싶지 않고 원망스러울 수도 있지만 번아웃은 하나의 선택이라고 할 수 있습니다. 번아웃이 선택이라는 것을 인정한다면, 번아웃은 두려움의 대상이 아닌 통제할 수 있는 것이 됩니다.

Burnout doesn't happen overnight.

· burnout （身體或精神上）極度疲勞　· overnight 一天之間
· prolonged 長時間的

Tap into your inner confidence.

When you lack self-confidence, try this.
Imagine a future moment where you're fully confident. You're proud of what you've accomplished. Feel what that person is feeling now. Then ask each of the following questions to yourself.
"What does my future self think about the project I'm working on?"
"How much does my future self believe in me?"
This process will help you to tap into your inner confidence.

發掘你內在的自信感

當你缺乏自信時,請這樣試試:想像自己擁有全然自信的未來時刻,你對自己做到的事情感到自豪。請感受一下那個人現正感受到的情感,接著問自己以下問題:「未來的我對現在進行的計畫怎麼想?」「未來的我有多相信現在的自己?」這個過程將幫助你開發內在的自信感。

내면의 자신감에 접근하세요.

자신감이 없을 때는 이렇게 해 보세요. 당신이 완전히 자신감을 가지고 있는 미래의 순간을 상상해 보세요. 당신은 당신이 해낸 일에 대해 자랑스러워합니다. 그 사람이 지금 느끼는 감정을 느껴 보세요. 그리고 스스로에게 다음의 질문을 해 보세요. "미래의 나는 내가 진행 중인 프로젝트에 대해서 어떻게 생각할까?" "미래의 나는 지금의 나를 얼마나 믿을까?" 이 과정을 통해 내면의 자신감에 접근할 수 있습니다.

Tap into your inner confidence.

· tap into 開發、利用　· as if 就像～一樣

Productivity

"Productivity isn't about working harder, but working smarter."

「生產力並非更努力工作，而是更聰明地工作。」

"생산성은 더 열심히 일하는 것이 아니라 더 똑똑하게 일하는 것입니다."

from Day 28

Weigh the importance.

Let's dive into productivity.
When it comes down to it, it's all about optimizing your time and resources.
Think of your tasks as a scale — you must weigh their importance and prioritize.
Begin by tackling tasks that really move the needle. Avoid getting bogged down in the small stuff that won't make much of a difference.
In essence, it all boils down to prioritizing impact. It's not just about staying busy or exhausting yourself.

衡量重要性

讓我們來談談生產力吧。為了生產力，你必須將時間與資源最佳化。請將你的工作想像成天秤，你必須權衡工作的重要性，並訂定優先順序。請先從能展現巨大成果的工作開始，避免讓自己被局限在無法展現巨大成果的小事。本質上來說，所有事情都會以影響力為優先進行歸納。所謂的生產力，並非只是讓自己忙碌或疲憊不堪。

중요성을 따져 보세요.

생산성에 대해 이야기해 봅시다. 생산성을 위해선 결국 시간과 자원을 최적화하는 것이 중요합니다. 당신의 업무를 저울로 생각해 보세요. 당신은 업무의 중요성을 따져 보고 우선순위를 정해야 합니다. 큰 성과를 낼 수 있는 일부터 시작하세요. 성과에 큰 차이가 없을 작은 것들에 얽매이는 것은 피하세요. 본질적으로 모든 것은 영향을 우선시하는 것으로 귀결됩니다. 생산성은 그저 바쁘게 지내거나 자신을 지치게 하는 것이 아닙니다.

Weigh the importance.

· weigh 判斷　· dive into 探討　· optimize 最佳化　· tackle 著手
· move the needle 交出可見的成果　· get bogged down in 陷入泥淖
· in essence 本質上　· boil down to ~ 歸納為～

Use your resources wisely.

A good leader is mindful of their energy and time and recognizes that they have limited resources. In the past, you may have said 'yes' to everything, which allowed you to learn and grow. However, it's equally important to use your resources wisely.

To achieve exponential growth, selective use of your energy is essential. Say 'yes' to top priorities and 'no' to those that are not.

Concentrate on tasks that only you can deliver and make important choices.

善用資源

好的領導者會注意自己的能量與時間，同時認知到資源有限。你可能在過去都是以回答「是」進行學習成長，但善用資源其實也同樣重要。為了達到指數型成長，選擇性地使用能量是必要的。針對優先事項直接說「是」，否則就請說「不」。你必須專注在只有自己做得到的事情上，並做出重要抉擇。

당신의 자원을 현명하게 사용하세요.

좋은 리더는 자신의 에너지와 시간을 신경 쓰며 자원이 한정되어 있음을 인식합니다. 과거에는 모든 것에 대해 '네'라고 말함으로써 배우고 성장할 수 있었습니다. 하지만 당신의 자원을 현명하게 활용하는 것도 동일하게 중요합니다. 기하급수적인 성장을 이루기 위해서는 에너지의 선택적 사용이 필수적입니다. 최우선 순위에는 '예'라고 말하고 그렇지 않은 것들에는 '아니요'라고 말하세요. 오직 당신만이 할 수 있는 일에 집중하고 중요한 선택을 해야 합니다.

Use your resources wisely.

· mindful 注意　· exponential 指數型的

Boost your energy.

To achieve results, you need to take action.
To take action, you must focus and be productive.
And, above all, you need consistent energy for this process.
People who underperform in life often can't distinguish between healthy desires and pleasures. If I can generate energy, getting more sleep is a healthy desire fulfillment. If eating certain foods gives me more energy, that's a healthy desire fulfillment. Do you eat to boost your energy, or just for satisfaction?

增強你的能量

要執行，才能做出成果。而若要執行，就必須專注且具生產力。最重要的，是需要持續的能量。生活中表現不佳的人，經常無法區分健全的欲望與快樂。若是能產生能量，睡覺就可說是一種健全的欲望。若是某種食物能產生更多能量，那也可說是健全的欲望。你會為了提高能量而吃，還是單純為滿足而吃呢？

DAY

024

에너지를 높이세요.

결과를 내려면 실행을 해야 합니다. 실행하려면 집중하고 생산적이어야 합니다. 무엇보다도 지속적인 에너지가 필요합니다. 삶에서 성과가 낮은 사람들은 종종 건전한 욕구와 쾌락을 구분하지 못합니다. 에너지를 생성할 수 있다면 잠을 자는 것은 건전한 욕구 충족입니다. 어떠한 음식을 먹어서 더욱 에너지가 생성된다면 그것은 건전한 욕구 충족입니다. 에너지를 높이기 위해 음식을 드시나요, 아니면 단순히 만족하기 위해 드시나요?

~~~~~~

~~~~~~

~~~~~~

~~~~~~

~~~~~~

~~~~~~

~~~~~~

~~~~~~

~~~~~~

~~~~~~

~~~~~~

Boost your energy.

· boost 增加　 · underperform 無法滿足期待　 · generate 產生

Break it down.

Top-notch productivity is a daily choice. There are many tools that can help you get there.
One of the most essential habits for productivity is to set actionable goals. Breaking down a project into smaller, doable steps can make a significant difference in productivity. Many people skip this process and end up feeling overwhelmed by tasks. Oftentimes people don't even know where to begin. But by breaking a project down, anything can be doable.

拆解細化

最佳的生產力來自每日的選擇。許多工具都可提高生產力,而其中一種培養生產力最重要的習慣,即是建立可執行的目標。若能將計畫細分為可執行的小階段,將會為生產力帶來巨大差異。許多人因為省略該過程,最終被工作所支配。人們經常不知該從何開始,但透過將計畫細分,任何事都有可能。

세분화하세요.

최고의 생산성은 매일의 선택입니다. 생산성을 높여 줄 수 있는 많은 도구들이 있습니다. 생산성을 위한 가장 중요한 습관 중 하나는 실행 가능한 목표를 세우는 것입니다. 프로젝트를 실행 가능한 작은 단계로 세분화하면 생산성에 상당한 차이를 가져올 수 있습니다. 많은 사람들이 이 과정을 생략하고 결국 업무에 압도당하게 됩니다. 사람들은 종종 어디서부터 시작해야 할지조차 모릅니다. 그러나 프로젝트를 세분화함으로써 어떤 것도 할 수 있습니다.

Break it down.

· top-notch 最佳的　· essential 重要的　· actionable 可執行的　· doable 可做到的

Are you easily distracted?

Are you easily distracted? Maybe you're tempted to reach for your phone every few minutes. Don't worry. You can train your mind to not let distractions steal your time.
Whenever you notice yourself getting sidetracked, say "Stop."
Gently direct your mind to what's in front of you. It's simple yet powerful.
Before you let your mind drift, you can teach it to focus on the task at hand. It takes practice to strengthen your mind, just like building any muscle.

你容易分心嗎？

你容易分心嗎？也許你每隔幾分鐘就想伸手去拿手機，不用擔心，你可以訓練你的內心，好讓時間不被妨礙因素奪走。每次當你發現自己因為其他事情分心時，請叫自己「停下」，將你的心慢慢導回面前的事物。這雖簡單，卻很強大。在你的心開始飄走之前，教它專注於目前的事情上。讓內心變堅強就跟練肌肉一樣，都需要強化練習。

쉽게 집중이 분산되나요?

쉽게 집중이 분산되나요? 당신은 몇 분마다 핸드폰에 손을 뻗고 싶은 유혹을 받고 있을 수도 있습니다. 걱정 마세요. 방해 요인에 시간을 빼앗기지 않도록 마음을 훈련할 수 있습니다. 다른 것에 집중이 빼앗기는 자신을 알아차릴 때마다, "멈춰"라고 말하세요. 당신의 마음을 당신 앞에 있는 것으로 천천히 인도하세요. 이것은 간단하지만 강력합니다. 당신의 마음이 표류하기 전에 당면한 일에 집중하도록 가르칠 수 있습니다. 마음을 강하게 하는 것은 근육을 만드는 것과 같이 강화시키는 연습이 필요합니다.

Are you easily distracted?

· sidetracked 偏離軌道　· drift 漂流

Do you want to work faster?

If you cut corners to work faster, that's not being productive. It can be tempting to take shortcuts, but in the long run, it's not a good strategy. There are more efficient ways to meet your goals. Instead of cutting corners, look for ways to make your tasks more efficient. For example, consider what can be automated and systemized. Rushing through tasks is counterproductive. You might save time, but you won't achieve the best results.

想要工作更迅速嗎？

如果為了快速完成工作而敷衍了事，只會降低生產力。抄近路的誘惑隨處可見，但長期下來並非良好策略。為達成目標，應有更具效率的方法。請找出比起敷衍了事，更能有效率地完成工作的方法。好比說，請考慮是否有自動化、系統化的方案。欲速則不達，你雖然可以節省時間，卻無法獲得最佳成果。

더 빨리 일하고 싶나요?

일을 빨리 하기 위해 대충 하게 되면 생산성이 떨어집니다. 지름길을 가고 싶은 유혹이 생길 수 있지만 장기적으로는 좋은 전략이 아닙니다. 목표를 달성하는 데에는 더욱 효율적인 방법이 있습니다. 대충 해치우는 대신, 작업을 더욱 효율적으로 할 수 있는 방법을 찾아보세요. 예를 들어, 무엇을 자동화, 시스템화할 수 있을지 고려해 보세요. 일을 서두르는 것은 역효과를 가져옵니다. 시간을 절약할 수는 있지만 최고의 결과를 얻지는 못합니다.

~~~~~~

~~~~~~

~~~~~~

~~~~~~

~~~~~~

~~~~~~

~~~~~~

~~~~~~

~~~~~~

~~~~~~

~~~~~~

~~~~~~

Do you want to work faster?

· cut corners 敷衍了事　· tempting 誘惑　· counterproductive 產生反效果

Prioritize.

Productivity isn't about working harder, but working smarter. It's not about getting more things done, it's about getting important things done. To do that, start by setting clear priorities in both your personal and professional life. Then align your tasks accordingly.

Aligning your tasks with your priorities ensures that you're moving in the right direction. This alignment brings purpose to your daily efforts. You'll be amazed how much impact this practice will have on you.

訂定優先順序

生產力並非更努力工作，而是更聰明地工作。它不代表做更多工作，而是做重要的工作。為此，請先在個人生活與職場生活間訂好明確的優先順序，並根據該順序調整業務內容。若能將工作按照優先順序安排，就能往正確的方向邁進。而將工作對照優先順序進行的作業，會為你帶來每天努力的目標。當你意識到這個過程對你帶來的巨大影響時，將會十分驚訝。

우선순위를 정하세요.

생산성은 더 열심히 일하는 것이 아니라 더 똑똑하게 일하는 것입니다. 더 많은 일을 하는 것이 아니라 중요한 일을 하는 것입니다. 그러기 위해서는 개인적인 삶과 직업적인 삶 모두에 있어서 명확한 우선순위를 정하는 것부터 시작하세요. 그리고 그에 따라 업무를 조정하세요. 업무를 당신의 우선순위에 맞추면 올바른 방향으로 나아갈 수 있습니다. 이렇게 우선순위에 업무를 일치시키는 작업은 매일의 노력에 목적을 가져다줍니다. 이렇게 하는 것이 당신에게 얼마나 큰 영향을 가져올지 알게 되면 놀랄 것입니다.

~~~~~~

~~~~~~

~~~~~~

~~~~~~

~~~~~~

~~~~~~

~~~~~~

~~~~~~

~~~~~~

~~~~~~

~~~~~~

~~~~~~

~~~~~~

Prioritize.

· align 排列 · accordingly 根據 · ensure 保障

Minimize distractions.

Do you want to take your productivity to the next level?
Actively support yourself to win.
One of the biggest game changers in productivity is minimizing distractions. Set a specific time block for your tasks and during that time, turn off notifications on your phone. When you're constantly checking your phone every minute, it not only steals your time but also pulls you out of focus. Plus, you're more likely to give in to the urge to check social media. Put away your phone and let yourself fully concentrate.

將妨礙因素最小化

你想讓生產力更上一層樓嗎？那請更積極地幫助自己成功。其中一個能為生產力帶來巨大變化的方法，即是將妨礙因素最小化。請將作業設定在特定時間區塊，並在該時間關掉電話通知。當你時時刻刻都想確認手機時，除了時間被奪走外，專注力也會下降，而且這會讓你更容易屈服於想確認社群媒體的衝動。請移開手機，讓自己完全專注吧。

방해 요인을 최소화하세요.

생산성을 한 단계 더 끌어올리고 싶은가요? 성공할 수 있도록 스스로를 적극적으로 도와주세요. 생산성에 있어 큰 변화를 가져다줄 수 있는 아이디어 중 하나는 방해 요인을 최소화하는 것입니다. 작업에 대한 특정 시간 블록을 설정하고 그 시간 동안 전화기의 알림을 꺼 보세요. 시시때때로 휴대 전화를 확인할 때 시간을 빼앗길 뿐만 아니라, 집중력이 떨어지기도 합니다. 게다가, SNS를 확인하고 싶은 충동에 굴복할 가능성이 더 높습니다. 핸드폰을 치우고, 온전히 집중할 수 있도록 하세요.

~~~~~~

~~~~~~

~~~~~~

~~~~~~

~~~~~~

~~~~~~

~~~~~~

~~~~~~

~~~~~~

~~~~~~

~~~~~~

~~~~~~

Minimize distractions.

· minimize 最小化　· game changer 帶來巨大變化的創新點子　· urge 衝動

Focus on one thing at a time.

When you have a lot on your plate, your mind is busy thinking about the things left undone. You can't seem to focus on a task and are tempted to multitask because you feel like you're behind the schedule. But here's the truth: thinking about what you should be doing is what's slowing you down.

If your mind is preoccupied, it's almost impossible to concentrate to get the task done successfully. If you have to go back and do it all over again, you'll feel like you've wasted your time.

No matter how busy you are, focus on one single task. Getting one thing done at a time is the best and quickest way to finish everything you need to do.

DAY
030

一次只做一件事

當你要做的事情很多時，就會忙著去想剩下要做的事。感覺行程要延遲了，導致你無法專注在工作本身，不禁想一心多用。不過事實上，當你想著要做什麼事情時，這個思考本身會降低你的速度。如果你的心思被其他事物困住，幾乎不可能成功專注地把工作做完。若回到原點重新開始，又覺得在浪費時間。不管你再怎麼忙，都請專注在一件事情上。一次只做一件事，是解決所有應做之事的最佳、最快速的方法。

한 번에 한 가지만 집중하세요.

해야 할 일이 많을 때 당신의 마음은 남아 있는 일들에 대해 생각하기 바쁩니다. 일정이 늦어지는 것 같아 일에 집중할 수가 없고 멀티태스킹을 하고 싶은 유혹을 느낍니다. 하지만 사실은 이렇습니다. 당신이 무엇을 해야 하는지 생각하는 것이 당신의 속도를 늦추는 것입니다. 만약 마음이 다른 생각에 사로잡혀 있다면, 집중해서 일을 성공적으로 마무리하는 것은 거의 불가능합니다. 뒤로 돌아가 처음부터 다시 해야 한다면 시간을 낭비한 것처럼 느껴질 것입니다. 아무리 바쁘더라도 한 가지 일에만 집중하세요. 한 번에 하나씩 하는 것이 당신이 해야 할 모든 것을 끝내는 가장 좋고 빠른 방법입니다.

Focus on one thing at a time.

· have a lot on one's plate 要做的事情很多 　· preoccupied 被某種想法困住

It's a lifestyle.

Do you ever think, 'Once I'm successful,' or 'When I achieve this,'
then you'll start taking care of your health?
Building the life you desire isn't a one or two-shot deal. Significant change
comes from consistent, long-term effort. It is a lifestyle, not just a goal.
That's why those who consistently see exceptional results focus on energy
management. Managing your energy is the foundational key to creating
the best outcomes.

生活風格

你是否曾想過「成功之後」「只要做好這個」，再來照顧健康？一、兩次的挑戰
或嘗試，無法創造你希望的人生。重大變化都來自於持續且長時間的努力，它並
非單一目標，而是需在最終成為你的「生活風格」。因此，持續創造高度成果的
人，會固定控管自己的能量，控管能量正是帶來最佳成果的基本方法。

라이프스타일입니다.

'성공하면', '이것만 하면' 그때 건강을 돌보겠다는 생각을 해 본 적 있나요? 한두 번의 도전이나 시도로 원하는 인생을
만들 수 없습니다. 중요한 변화는 꾸준하며 장기적인 노력에서 나옵니다. 단순히 하나의 목표가 아니라, 결국 '라이프
스타일'이 되어야 합니다. 그렇기 때문에 높은 성과를 지속적으로 만들어 내는 이들은 에너지를 꾸준히 관리하는 것
입니다. 에너지를 관리하는 것이야말로 최상의 결과를 가져다주는 가장 기본이 되는 방법입니다.

It's a lifestyle.

・consistent 持續的　・exceptional 傑出的　・foundational 基本的

PART
04

Excellence

"No one is perfectly skilled at everything, but as long as you have a growth mindset, you and your team will progress toward greater success."

「沒有人完美到擅長所有事情。但若抱著成長心態，
你與團隊將邁向更大的成功。」

"모든 일에 완벽하게 능숙한 사람은 없습니다.
하지만 당신이 성장하는 마음을 가지고 있는 한, 당신과 당신의 팀은
더 큰 성공을 향해 나아갈 것입니다."

from Day 38

wanting to become great is never a bad thing. When it comes to tough tasks or new challenges, you might not succeed because you're still learning how to do it.

Now, ask yourself this question:

Are you doing it to prove yourself or to improve yourself?

Are you looking to impress someone or to be of help?

When your goal is to validate yourself in front of others, you can overlook what really matters.

提升自我

想做好的心情不是壞事。若難易度較高或是全新挑戰，由於仍在學習，即使做不好也在所難免。這時請捫心自問：你是為了證明自己，還是為了提升自我？你是為了給某人留下深刻印象，還是為了帶來幫助？假如你的目標是在他人面前證明自己，可能會忽略真正重要的事。

더욱 발전하세요.

잘하려고 하는 마음은 나쁜 것이 아닙니다. 난이도가 높은 일이나 새로 도전하는 일의 경우 아직은 배우는 중이기 때문에 잘하지 못할 수도 있습니다. 그때 스스로 질문해 보세요. 너는 이 일을 자신을 증명하기 위해 하고 있나, 스스로 발전하기 위해 하고 있나? 누군가에게 깊은 인상을 주려고 하고 있나, 도움이 되기 위해 하고 있나? 당신의 목표가 다른 사람 앞에서 당신을 증명하려는 것이라면 당신은 정말 중요한 것을 간과할 수 있습니다.

Excellence

· be of help 幫助　· validate 證明　· overlook 忽略

There are two types of pain.

There are two types of pain: clean pain and dirty pain.
Clean pain is the kind that helps develop our capabilities.
On the other hand, dirty pain is what you experience when avoiding taking action. It's a form of self-sabotage that gradually shrinks you.
Both are challenging. However, one propels you forward while the other keeps you stuck. You can choose which one you want more of in your life.

痛苦有兩種

痛苦有兩種：乾淨的痛苦與骯髒的痛苦。所謂乾淨的痛苦，是指培養自己能力的痛苦；骯髒的痛苦，則是指迴避行為時經歷的過程，這是一種讓你逐漸萎縮的自我破壞。兩種痛苦都很困難，然而，一種可以讓你向前邁進，一種則會讓你停滯不前。生命中希望哪一個痛苦，取決於你。

두 가지 고통이 있습니다.

두 가지 고통이 있습니다. 깨끗한 고통과 지저분한 고통입니다. 깨끗한 고통은 나의 능력을 키우는 고통입니다. 반면, 지저분한 고통은 행동을 취하기를 회피할 때 경험하는 것입니다. 이것은 당신을 점차 위축시키는 일종의 자기 파괴입니다. 두 고통 모두 어렵습니다. 그러나 하나는 당신을 앞으로 나아가게 하고, 다른 하나는 당신을 정체되게 합니다. 당신의 삶에서 어떤 것을 더 원하는지 선택할 수 있습니다.

There are two types of pain.

· self-sabotage 自我破壞　· gradually 逐漸地　· propel 使～邁進 · stuck 無法移動的

Pursue excellence.

When it comes to pursuing excellence, two aspects come into play. The first is setting high standards; the second, optimizing workflows. Expecting excellence from yourself doesn't mean expecting perfection. It simply means you're determined to step up your game, never compromise, and consistently deliver high value. Optimizing workflows involves organizing tasks efficiently and automating repetitive ones.
What do you expect from yourself, and how can you further optimize your workflow?

追求卓越

當你追求卓越時,要考慮兩個層面:第一個是設立高標準,第二個則是將工作流程最佳化。當你期待自己表現卓越時,並非追求完美,只是代表你下定決心提高成果、絕不妥協,並持續提供高度價值。將工作流程最佳化也包含有效率地整理工作,並將重複的作業自動化。請思考看看,你對自己有何期許,並如何將工作流程最佳化。

탁월함을 추구하세요.

탁월함을 추구할 때 고려해야 할 두 가지 측면이 있습니다. 첫 번째는 높은 기준을 설정하는 것입니다. 두 번째는 워크플로우(업무의 흐름)를 최적화하는 것입니다. 스스로에게서 탁월함을 기대하는 것은 완벽을 기대한다는 뜻이 아닙니다. 그것은 단순히 성과를 향상시키고, 절대 타협하지 않고, 계속해서 높은 가치를 제공하겠다고 결심하는 것을 의미합니다. 워크플로우(업무의 흐름)를 최적화하는 것은 작업을 효율적으로 정리하고 반복적인 작업을 자동화하는 것을 포함합니다. 스스로에게 어떤 기대를 하고 있으며 어떻게 업무의 흐름을 더 최적화할 수 있는지에 대해 생각해 보세요.

· optimize 最佳化　· step up one's game 提高～的成果　· compromise 妥協

Do you feel like your progress has hit a wall? You might begin to question your abilities and wonder if you're doing something wrong. Well, that's not the case. The next phase is supposed to be tougher. Going from where you began to where you are now was a big jump. Leaping to the next level might be even more demanding, so there's no need to judge or doubt yourself. Simply define what you truly want at this next level, then put in the effort it takes to make it happen.

不要放棄

你是否認為自己已無法再前進？覺得自己的能力就到這裡，似乎做錯了什麼的感覺。其實並非如此，這只是因為，你要前往的下一階段更加艱難。從一開始的狀態來到這裡，就已經是很大的一步了。再前往下個階段會更辛苦，因此不需要批判或質疑自己。只要決定你在下個階段真正要的，並努力實踐即可。

포기하지 마세요.

더 이상 다음 단계로 넘어가지 않는 것 같나요? 나의 능력은 여기까지인 것 같고, 무언가 잘못하고 있는 것 같은 기분이 들 수 있습니다. 그런 게 아닙니다. 다음 단계는 더욱 어려워질 것입니다. 처음 시작 상태에서 지금 단계로 온 것은 큰 도약이었습니다. 또 다음 단계로 넘어가는 것은 더욱 힘이 들 수 있으니 스스로에 대한 판단이나 의심은 하지 않으셔도 됩니다. 다음 단계에서 진정으로 원하는 것이 무엇인지 심플하게 결정한 후, 거기에 맞는 노력으로 실행해 나가면 됩니다.

Excellence

Don't give up.

· hit a wall 達到極限　· demanding 辛苦的　· put in the effort 致力於

What matters to you?

There are moments when you might feel frustrated.
You might think it's because you're not being productive or consistent enough, but here's the thing.
Productivity or consistency alone can't do much for you.
You must be productive with what you truly desire.
You must be consistent with what truly matters to you.
So, what is it that you desire? What truly matters to you?

對你來說，重要的是什麼？

你可能會有某些瞬間感到鬱悶，你認為這是因為生產性或持續性不足。但還有件更重要的事，光是生產力、持續性，是無法給你帶來這麼多東西的。你必須將生產力放在真正想要的事物上，也必須將持續性放在真正重要的事情上。你想要什麼？對你來說重要的是什麼？

DAY
036

당신에게 중요한 일이 무엇인가요?

답답함이 느껴지는 순간이 있습니다. 생산적이지 않거나 꾸준함이 부족하기 때문이라고 생각할 수 있습니다. 하지만 중요한 것이 있습니다. 단순히 생산성과 지속력 그 자체는 당신에게 많은 것을 해 줄 수 없습니다. 당신이 진정으로 원하는 일에 생산적이어야 합니다. 당신에게 정말 중요한 것에 꾸준해야 합니다. 당신은 무엇을 원하나요? 당신에게 중요한 일이 무엇인가요?

Excellence

· feel frustrated 感到挫折

If you want to be a leader who brings out the best in people, maximize yourself first.

Don't use your energy to judge and limit your own power.

Instead of doubting yourself, focus on how to create the best possible results.

Instead of worrying, focus on what you can control.

"I believe in myself."

"I can go above and beyond."

將自己最大化

假如你想成為能帶出人們最佳面貌的領導者，請先將自己最大化。不要將能量消耗在批判或限制自己的力量上。比起自我質疑，應將重點放在能創造最棒成果的方法上。別擔心，並專注在可控制的範圍內。

「我相信我自己。」

「我可以做得更好。」

자신을 극대화하세요.

만약 당신이 사람들에게서 최고를 이끌어내는 리더가 되고 싶다면, 먼저 자신을 극대화하세요. 자신의 힘을 판단하고 제한하는 데 에너지를 사용하지 마세요. 스스로를 의심하는 대신 가능한 최상의 결과를 만드는 방법에 초점을 맞추세요. 걱정하지 말고, 당신이 통제할 수 있는 것에 집중하세요. "나는 나 자신을 믿습니다." "나는 그 이상으로 갈 수 있습니다."

Excellence

· maximize 最大化

Have a growth mindset.

"I'm bad at remembering names."
"I'm bad at communicating."
"I'm bad at …"
This is not how true leaders talk.

"I'm not good at it yet, but I'll figure it out."
"I'm not good at it yet, but I'm willing to try."
This is how they talk.

No one is perfectly skilled at everything, but as long as you have a growth mindset, you and your team will progress toward greater success.

抱持成長的心態

「我記不太住名字」「我不擅長溝通。」「我做不到～」等，都不是真正的領導者會說的話。
「雖然尚且不足，但我會試著解決。」「雖然尚且不足，但我很樂意試試看」等，才是領導者的說話方式。沒有人完美到擅長所有事情，但若抱著成長心態，你與團隊將邁向更大的成功。

성장 마인드를 가지세요.

"저는 이름을 잘 기억하지 못해요." "저는 의사소통을 잘 못해요." "저는 ~을 못해요."와 같은 말은 진정한 리더가 말하는 방식이 아닙니다. "아직 잘하지는 못하지만, 해결해 볼게요." "아직 잘하지는 못하지만, 기꺼이 해 볼게요."와 같은 말이 리더가 말하는 방식입니다. 모든 일에 완벽하게 능숙한 사람은 없습니다. 하지만 당신이 성장하는 마음을 가지고 있는 한, 당신과 당신의 팀은 더 큰 성공을 향해 나아갈 것입니다.

Excellence

· figure out 察覺　· skilled 熟練的

Normalize difficulty.

Normalize difficulty.
Everything worthwhile is supposed to be hard. This is why partnering with yourself is so important. Be supportive in finding ways to help yourself to follow through.
"How can I support myself to get this done?"
"How can I bring my A-game?"
Just because it's hard doesn't mean you should give up.
Find ways to overcome difficulties and reach your goals.

從容地接受困難

從容地接受困難。有價值的事物難免辛苦。也因此，你必須成為自己的搭檔，幫助自己找到方法堅持到最後。「我該如何幫助自己把這件事完成？」「我該如何才能發揮最大的力量？」不要因為困難就放棄，請找出方法克服困難，進而達成目標。

어려움을 자연스럽게 받아들이세요.

어려움을 자연스럽게 받아들이세요. 가치 있는 모든 것은 힘들기 마련입니다. 그렇기 때문에 자기 자신의 파트너가 되는 것이 매우 중요합니다. 자신이 끝까지 해낼 수 있는 방법을 찾을 수 있도록 도와주세요. "이 일을 끝낼 수 있게 내 자신을 어떻게 도울 수 있을까?" "내 최상의 능력을 발휘하려면 어떻게 해야 할까?" 어렵다고 포기해야 하는 것은 아닙니다. 어려움을 극복하고 목표에 도달할 수 있는 방법을 찾으세요.

Excellence

· normalize 以～作為標準　·worthwhile 有價值的
· follow through 堅持　·A-game 最佳戰鬥力

If you are tired of leaving things until the last minute, here's a strategy you can try.

First, increase your motivation. Ask yourself, "Why is this important to me?" Think about the benefits that you'll get from finishing the task.

Second, take ownership. Don't say, "I have to do this." Say, "I choose to do this because..." Recognize that it's your decision. When you understand why you want to do this, it becomes a choice, not a chore.

改掉拖延的習慣

如果你已經厭倦將所有事情放到最後一刻再做，可以嘗試看看以下策略：第一，是高動機。問問自己：「這對我來說為什麼重要？」思考一下這件事情結束的話，自己可以得到什麼好處。第二，掌握主導權。請不要說「我必須做這個。」應該說：「我決定做這個。因為～」請認知到自己的決定。當你理解到自己為何故時，就不會覺得這件事令人厭煩，而是種選擇。

미루는 습관을 깨세요.

만약 당신이 마지막 순간까지 일을 남겨 두는 것에 지쳤다면, 당신이 시도해 볼 수 있는 전략이 있습니다. 첫째, 동기 부여를 높이세요. "왜 이것이 나에게 중요한가?"라고 스스로에게 물어보세요. 그 일을 끝내면 얻을 수 있는 이점에 대해 생각해 보세요. 둘째, 주도권을 가지세요. "나는 이것을 해야만 한다"라고 말하지 마세요. "나는 이것을 하기로 결정했다. 왜냐하면 ～"이라고 말하세요. 당신의 결정이라는 것을 인식하세요. 당신이 왜 하고 싶은지 이해할 때, 그 일은 성가신 것이 아니라 선택이 됩니다.

Excellence

· procrastination 拖延的習慣

PART
05

Proactivity

"Proactively tackle whatever challenges you're currently facing."

「積極解決目前面對的困難。」

"현재 직면한 어려움들을 적극적으로 해결하길 바랍니다."

from Day 41

You're a leader.

You're a leader. Whether you're a recent graduate looking for a job, a teacher, a coach, or an entrepreneur, carry yourself with the confidence of a leader.
Walk with your head held high. Never hang your head or think of yourself as a failure.
Proactively tackle whatever challenges you're currently facing.
All of your decisions and actions will eventually shape your abilities.

DAY
041

你是領導者

你是領導者。不管你是準備就職、講師、教練、事業家還是領導者，請保持自信大方，希望你抬起頭來，堂堂正正地走出去。千萬不要無精打采或認為自己是失敗者，而是要積極解決目前面對的困難。你的所有決定跟實踐，都會在最終成為你的能力。

당신은 리더입니다.

당신은 리더입니다. 당신이 취업 준비생이건, 강사이건, 코치이건, 사업가이건, 리더로서 자신감을 가지고 당당하길 바랍니다. 고개를 높이 들고 걸어 다니길 바랍니다. 절대 풀이 죽거나 자신이 실패자라고 생각하지 않기를 바랍니다. 현재 직면한 어려움들을 적극적으로 해결하길 바랍니다. 당신의 모든 결정과 실행이 결국 당신의 능력이 될 것입니다.

You're a leader.

· hang one's head 無精打采　· proactively 積極地　· tackle 解決處理

Get used to discomfort.

Get used to discomfort. If you are second-guessing your decisions with questions like, "Why did I say that I would do this?", consider it proof that you're diving into new challenges.
If you're too comfortable, nothing significant is happening.
Manage discomfort by deciding to feel anticipation and excitement for your growth.
You're the CEO of your thoughts and actions. So direct them toward pursuits that truly matter to you.

習慣不舒適這回事

請習慣不舒適。如果你一邊問：「我為什麼要做這件事？」一邊對自己的決定感到後悔，請視為這證明了你正在進行一場全新挑戰。若過得太安逸，就不會有重要的事情發生。請在感受期待成長的悸動中，控管你的不舒適。你是自己思想與行為的執行長，因此請將自己的思想與行為放在真正有意義的事物上。

불편함에 익숙해지세요.

불편함에 익숙해지세요. "내가 왜 이 일을 한다고 했을까?"라는 질문과 함께 당신의 결정에 대해 후회한다면, 새로운 도전을 하고 있다는 증거로 받아들이세요. 너무 편안하다면 중요한 일이 생기지 않습니다. 성장에 대해 기대하고 설렘을 느끼면서 불편함을 관리하세요. 당신은 당신의 생각과 행동의 CEO입니다. 그래서 당신의 생각과 행동을 진정으로 의미 있는 일들에만 사용될 수 있도록 하세요.

Get used to discomfort.

· second-guess 事後批評　· dive into 跳進

Take the initiative.

It's a matter of time that separates followers from leaders.
Followers wait for the right moment, while leaders take the initiative.
Followers seek approval, while leaders seek to improve.
Followers view challenges as obstacles, while leaders view them as opportunities.
Everyone gets to choose who they want to be. You can either let life happen to you like a follower or take control and be the leader of your life.
So ask yourself: Do you want to react to life, or do you want to design it?

採取主動

時間會區分出領導者與追隨者，追隨者會等待完美瞬間，而領導者則會採取主動。追隨者尋求認可，領導者則尋求發展；追隨者將困難視為障礙物，而領導者將困難視為機會。每個人都會選擇成為想要的人。你可以像個追隨者，讓生命引導你；也可以掌握主導權，成為生命的領導者。因此問問你自己：想對生命做出反應，還是去設計生命？

능동적으로 시작하세요.

리더와 팔로워를 구분하는 것은 시간의 문제입니다. 팔로워는 완벽한 순간을 기다리는 반면, 리더들은 능동적으로 시작합니다. 팔로워는 승인을 구하는 반면, 리더들은 발전을 추구합니다. 팔로워들은 어려움을 장애물로 보는 반면, 리더들은 어려움을 기회로 봅니다. 모든 사람들은 자신이 되고 싶은 사람을 선택하게 됩니다. 당신은 팔로워처럼 삶이 당신에게 일어나도록 두거나, 주도권을 잡아서 삶의 리더가 될 수도 있습니다. 그러니 스스로에게 물어보세요. 삶에 반응하고 싶나요, 아니면 삶을 디자인하고 싶나요?

Take the initiative.

·take the initiative 先主動開始　·take control 掌握主導權

Overcome fear.

There's a simple way to instantly get rid of fear. It's to give up. Just don't do it and forget it. Then there will be nothing to be scared about, and you'll feel comfortable.

But as time passes, regret will start to set in. 'Crises' start to show up in the areas of life that are comfortable. You'll realize that there is no way you can live the life you want by staying comfortable. So if you're feeling fearful, know that now is the time to be courageous.

克服恐懼

有個簡單方法可以一次消除恐懼的心理，只要放棄即可，不去做、忘掉就好了。這樣就不會再害怕，你也感到舒服自在。然而隨著時間流逝，你會逐漸後悔。你在生活中感到安逸的部分會給你帶來「危機」，你將意識到，只停留在安逸中就無法過想要的生活。若你感到恐懼，現在正是需要鼓起的勇氣的時候了。

두려움을 극복하세요.

두려운 마음을 단번에 없애는 간단한 방법이 하나 있습니다. 포기하면 됩니다. 그냥 안 하고, 잊어버리면 됩니다. 그러면 더 이상 두려울 일 없고, 편안합니다. 하지만 시간이 흐르면 후회합니다. 삶에서 편하다고 생각했던 부분에서 '위기'가 찾아옵니다. 편안함에 머물며 원하는 삶을 살 수 없다는 것을 깨닫게 될 것입니다. 두렵다면, 지금은 용기를 내야 할 때입니다.

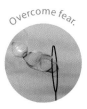

Overcome fear.

· instantly 即刻

Honor the promises you made.

When you're gearing up for something important, there are moments when fear creeps in. However, when you indulge in fear and perfectionism, it leads to procrastination.

When you procrastinate, your skills don't improve. When your skills don't improve, you end up facing the very outcomes you feared.

So don't burden your future self with regret. Instead, honor the promises you made to your present self and keep moving forward.

遵守承諾

當你在準備某件重要的事情時，可能會感到恐懼。但當你掉入恐懼或完美主義的泥淖時，會不禁推遲你的工作。當你將工作推遲時，就無法進步。當你無法進步，就只能面對你的恐懼成為現實。請不要用後悔來折磨未來的自己。對現在的自己遵守承諾，繼續向前邁進。

약속을 지키세요.

무언가 중요한 것을 준비하면서 두려움이 생길 때가 있습니다. 하지만 두려움이나 완벽주의의 늪에 빠지면 일을 미룹니다. 일을 미루면 실력이 늘지 않습니다. 실력이 늘지 않으면 당신이 두려워했던 결과를 현실로 직면하게 됩니다. 미래의 나에게 후회라는 괴로움을 주지 마세요. 대신 현재의 나에게 한 약속을 지키고 계속해서 앞으로 나아가세요.

Honor the promises you made.

· honor 遵守　· gear up 準備　· creep in （負面的事情）慢慢發展
· indulge in 陷入　· procrastination 推遲

Double down on your training.

There's a sense of nervousness that creeps in when you are still getting better at something. Instead of stressing over it, take it as a reminder that you're on the path of growth.
In those moments of self-doubt, don't fret. Just acknowledge it and say, "Ah, I could use some more practice."
That is your signal to double down on your training. Over time, your nervousness will transform into unshakable confidence.

更專注於訓練

當你仍在提升實力時，會感覺到緊張。比起在其中感到壓力，不如提醒你自己正處於成長的道路上。不用對自我質疑的瞬間感到焦急，只要在承認之後想著「啊，看來我還需要多多練習」。這代表你必須更專注於訓練。隨著時間推移，你的緊張感就會被無可動搖的自信所取代。

훈련에 더욱 매진하세요.

여전히 실력이 나아지고 있는 중에도 긴장감이 생기는 것을 느낄 수 있습니다. 그것에 대해 스트레스를 받는 대신, 성장의 길을 가고 있다는 것을 상기시켜 주는 것으로 생각하세요. 그런 자기 의심의 순간에 초조해하지 마세요. 그저 인정하고 '아, 연습이 좀 더 필요하겠다.'라고 말하세요. 이것이 훈련에 더욱 매진하라는 당신의 신호입니다. 시간이 지나면, 당신의 긴장감은 흔들리지 않는 자신감으로 바뀔 것입니다.

Double down on your training.

· double down 加倍、更專注　· fret 交集　· I could use 需要～

You are destined to improve.

If you don't shy away from challenges, you are destined to improve. Embracing the uncomfortable feelings that challenges bring, rather than avoiding them, is how you grow.
When you're faced with a problem that appears to outweigh your skills, choosing to grow instead of running away shows that you aren't controlled by your circumstances.
No one can stand in your way. You have the power to build an unbounded life.

你注定會進步

不迴避挑戰的你，注定會進步。當你不迴避並接納伴隨而來的不適時，就能更加成長。當你面對超乎能力的問題時，不逃避而選擇成長，就不會為環境所支配。任何人都擋不住你，你擁有創造無限生命的力量。

당신은 발전할 운명입니다.

도전을 피하지 않는 당신은 발전할 운명입니다. 도전에 따라오는 불편한 감정들을 피하지 않고 수용할 때, 더 성장하게 됩니다. 당신의 능력을 초월한 문제에 직면했을 때, 도망치지 않고 성장을 선택하는 것은 당신이 환경에 지배를 받지 않음을 보여 줍니다. 누구도 당신을 막을 수 없습니다. 당신은 무한한 삶을 만들 힘이 있습니다.

You are destined to improve.

Keep growing stronger.

You may think that your current situation will last forever, but it may not even last five years.

There's no need to get caught up in judgment, whether they are self-absorbed praise or thoughts that are dragging you down.

Instead of avoiding competition, challenge yourself to keep growing stronger.

Focus on achieving the best results you can in your current circumstances, free from unnecessary fears. Don't avoid challenges; embrace them. You've got this.

繼續變強

你可能覺得目前的狀況會持續一輩子，但可能連5年都不到。不管是自我陶醉的稱讚，還是某種拖垮你的想法，你都不需要陷入這種判斷。請不要迴避競爭，並為繼續變強而挑戰。請在身處的情況下專注產出最棒的成果，並脫離不必要的恐懼。不要迴避挑戰，而是接受它。你做得到。

계속 강해지세요.

당신은 현재 상황이 평생 갈 것 같지만, 5년도 가지 않을 수 있습니다. 자기도취적인 칭찬이든 당신을 끌어내리는 생각이든 이러한 판단에 사로잡힐 필요가 없습니다. 경쟁을 피하지 말고, 계속 강해지기 위해 도전하세요. 지금 처한 상황에서 가장 좋은 결과를 내는 것에 집중하며 불필요한 두려움에서 벗어나세요. 도전을 피하지 말고 받아들이세요. 당신은 할 수 있습니다.

Keep growing stronger.

· get caught up 被捲進　· self-absorbed 自我陶醉的
· drag down 拉垮　· embrace 接受

Don't let perfectionism paralyze your actions.

Quality and quantity both require your attention, but here's the deal: One is subjective, while the other can be measured objectively.

In everything we label as 'business,' it ultimately relies on someone's choice. The more quantifiable something is, the better your chances of success are.

What you can control, fundamentally, is the 'quantity.' Let the customers be the judge of the 'quality.' Don't let perfectionism paralyze your actions.

不要讓完美主義阻礙了你的行動

質與量都要兼顧，但有個事實很重要，即存在所謂主觀性與可數值化的客觀性。我們稱作「商業」的東西，最終都需要接受某人的選擇。愈能數值化，就愈容易成功。你能控制的終究是「量」，請將「質」的判斷交給消費者決定。不要讓完美主義阻礙了你的行動。

완벽주의로 인해 행동이 가로막히지 않도록 하세요.

품질과 양은 둘 다 신경 써야 하는 것들인데, 중요한 사실이 있습니다. 한 가지는 주관적이고, 다른 한 가지는 수치화할 수 있는 객관적이라는 사실입니다. '비즈니스'라고 불리는 모든 것은 결국 누군가의 선택을 받아야 합니다. 수치화가 가능할수록 성공 확률이 높아집니다. 당신이 컨트롤할 수 있는 것은 결국 '양'입니다. '품질'에 대한 판단은 소비자가 결정하게 두면 될 일입니다. 완벽주의로 인해 행동이 가로막히지 않도록 하세요.

Don't let perfectionism paralyze your actions.

· paralyze 使無力、麻痺　· quantifiable 可數值化的

Take on challenges.

Take on challenges proactively. Don't shy away from them.
Whether you're studying, starting a new job, or pursuing any endeavor, aim for excellence. Give it your absolute best.
If you avoid challenges and say things like, "It won't work anyway," or "It won't make much difference," you won't grow.
If you take on challenges and say things like, "I'm excited about my growth," you will find yourself developing valuable skills throughout the process.

接受挑戰

請積極接受挑戰，不要迴避。不管你是念書、開始新工作、在做什麼樣的努力，請設立最高的目標，並盡全力。如果一邊說「反正不行啦」「做了也不會有什麼不同」而迴避挑戰，就不可能成長。若能想著「真期待我的成長」，一邊接受挑戰，就可在該過程中發展自己重要的技能，並向前邁進。

도전하세요.

적극적으로 도전해 보세요. 도전을 피하지 마세요. 공부를 하고 있든, 새로운 일을 시작했든, 어떤 노력을 하고 있든 최고를 목표로 하세요. 최선을 다하세요. "어차피 안 될 거야." "해 봤자 별 다른 차이 없을 거야."라며 도전을 피하면, 성장도 없을 것입니다. "나의 성장이 기대돼."라고 말하며 도전을 받아들이면, 그 과정 속에서 당신은 중요한 기술을 발전해 나갈 수 있습니다.

Take on challenges.

· take on challenge 挑戰　· proactively 積極　· shy away from 迴避

PART
06

Kindness

"Lead with kindness because it makes you happier."

「請友善地領導，這會讓你更快樂。」

"당신을 더 행복하게 해 주기 때문에 친절하게 이끄세요."

from Day 59

Express your gratitude.

Praise has the incredible power to uplift others and there's no reason to hold it back. It is very clear that kindness fuels motivation in people's work.
Why don't you dedicate a week to spreading compliments?
Be generous with your gratitude.
Remember, appreciation without hesitation can be a powerful motivator for someone to keep showing up with the next level of energy.

表達感謝

稱讚擁有讓人獲得鼓勵的巨大力量，無須吝於給予。友善則明顯讓人有更勤快工作的動力。不如在這週努力傳遞稱讚吧！請毫不吝惜地傳達你的感謝之意。請記得，當你毫不猶豫地給予稱讚時，將會帶給某人強烈動機，進而發揮更大的力量。

감사한 마음을 표현하세요.

칭찬은 사람들의 기운을 북돋는 큰 힘이 있으며 이에 인색할 이유가 없습니다. 친절함은 분명 사람들이 더욱 신나게 일할 수 있는 동기를 제공해 줍니다. 칭찬을 전하는 한 주를 보내면 어떨까요? 감사한 마음을 아낌없이 전하세요. 주저 없이 감사함을 표현하는 것이 누군가에게 더 큰 힘을 낼 수 있는 강력한 동기가 될 수 있다는 것을 기억하세요.

Express your gratitude.

· uplift 鼓舞　· compliment 稱讚

Kindness matters.

Kindness matters. This is what we teach young children.
We don't tell them that being kind won't lead to success because we know
that kindness shouldn't be compared to other values.
We teach kids to be kind, and yet, we as adults often fail to practice
kindness to each other. We are not responsible for people's feelings, but
we are responsible for our own behavior.

友善很重要

我們教導孩子友善很重要,但我們不會告訴孩子,光靠友善不會成功,因為我們知道,友善不該與其他價值觀相比較。我們雖然告訴孩子要親切待人,作為成人的自己卻無法對彼此友善。我們不需要去負責他人的情緒,卻需對自己的行為負責。

친절은 중요합니다.

친절이 중요합니다. 이것이 우리가 어린 아이들에게 가로치는 것입니다. 우리는 아이들에게 친절하다고 해서 성공할 수 있는 것은 아니라고 말하지 않습니다. 왜냐하면 우리는 친절함이 다른 가치관과 비교되어서는 안 된다는 것을 알기 때문입니다. 우리는 아이들에게 친절하게 대하라고 가르치지만, 어른으로서 우리는 서로에게 친절함을 실천하지 못합니다. 사람들의 감정이 우리의 책임은 아니지만, 우리의 행동은 우리 자신의 책임입니다.

Kindness

Kindness matters.

· matter 重要　· lead to 導致

Kindness is different from people-pleasing.

Kindness is powerful only when you truly mean it.
There's a fine line between people-pleasing and true kindness.
People-pleasing is self-oriented, while kindness is focused on others.
When you're driven by fear of others' thoughts, feelings, and actions, you may find yourself engaging in people-pleasing behaviors.
On the other hand, when you genuinely care about others, you naturally express kindness.
However, be kind to yourself first; it'll make it easier to extend that kindness to others.

友善不等於討好

只有真正的友善，才會產生力量。討好他人與真正的親切之間有其差異。討好是以自我為導向，友善則以他人為導向。當你被對他人思想、情感、行為的恐懼牽著走時，就會做出討好的舉動。相反的，當你真心體諒他人時，則會自然展現友善。不過，請先善待你自己，這樣你將會更容易向他人表達善意。

친절과 비위를 맞추는 것은 다릅니다.

친절은 진심일 경우에만 힘이 있습니다. 사람들의 비위를 맞추는 것과 진정으로 친절한 것 사이에는 차이가 있습니다. 비위를 맞추는 것은 자기 지향적인 반면 친절은 타인 지향적입니다. 타인의 생각, 감정, 행동에 대한 두려움에 이끌릴 때 비위를 맞추는 행동을 하게 될 수 있습니다. 반면에, 타인을 진심으로 배려할 때 자연스럽게 친절함을 표현하게 됩니다. 하지만 먼저 자신에게 친절하게 대하세요. 다른 사람들에게 그 친절함을 더 쉽게 확장할 수 있을 것입니다.

Kindness is different from people- pleasing.

· There's a fine line 有微小差異　· self-oriented 自我導向的

Kindness is a strength.

Being kind doesn't mean you are agreeable. It doesn't mean you should lower your standards, either. It is not about pleasing people.
Kindness is not a weakness. It's a strength. Kindness is the capability to create a better environment for people to thrive in. When a person is kind to themselves, they become more productive and resilient.
With kindness, you can inspire others to show up as the best version of themselves.

友善是優勢

友善並不代表（對他人意見）好說話，或是降低自己的標準，也非討好他人。友善並非缺點，而是優勢。友善是一種創造更棒環境、使人更成長的能力。當你對自己友善，就可以成為更具生產性、恢復力的人。透過對他人友善，你可以鼓勵他人展現最好的一面。

친절함은 강점입니다.

친절하다고 해서 (다른 사람들의 의견에) 쉽게 동의한다는 뜻은 아닙니다. 자신의 기준을 낮추는 것도 아닙니다. 사람들의 비위를 맞추는 것도 아닙니다. 친절은 약점이 아니라 강점입니다. 친절은 사람들이 번창할 수 있는 더 나은 환경을 만드는 능력입니다. 사람이 스스로에게 친절할 때, 더 생산적이고 회복력이 있는 사람이 됩니다. 친절함으로, 당신은 다른 사람들이 최고의 모습으로 보이도록 격려할 수 있습니다.

Kindness is a strength.

· agreeable 樂於同意的　· thrive 成長　· resilient 具恢復力的

People want to be seen.

People want to be seen. People want to feel valued in the workplace.
True leaders make employees feel that they matter.
Those who feel seen, valued, and secure are motivated to make even greater contributions to the team.
"Your dedication to this project went above and beyond. Thank you."
"I really appreciate your hard work."

人們希望被看見

人們希望被看見，人們希望在職場上被認為是有價值的存在。真正的領導者會讓員工感受到自己的重要性。當自己獲得關注、被認為重要而有安全感時，會有為團隊做出更大貢獻的動力。「你對這個專案的付出超越了一切，謝謝你。」「感謝你的辛勞。」

사람들은 자신을 알아봐 주길 바랍니다.

사람들은 자신을 알아봐 주길 원합니다. 사람들은 직장에서 가치 있는 존재로 여겨지고 싶어 합니다. 진정한 리더는 직원들로 하여금 자신이 중요하다고 느끼게 합니다. 자신이 주목받고, 중요하게 여겨지며, 안전하게 느낄 때 사람들은 팀에 훨씬 더 많이 기여하고 싶은 동기 부여가 됩니다. "이 프로젝트에 대한 당신의 헌신은 뛰어났습니다. 감사합니다." "고생해 주신 것에 감사드립니다."

Kindness

People want to be seen.

· workplace 職場   · above and beyond 期待以上

Boost people's morale.

If you want to boost people's morale effectively, try this: be specific when giving compliments.

Instead of just saying, "You are awesome!", acknowledge their actions and what they did to succeed that day. This is crucial because many people tend to downplay their accomplishments.

Feeling unappreciated for what they've done can chip away at their motivation. When you acknowledge their efforts, they will feel capable, recognized, and motivated to create more of those moments of achievement.

提高他人的士氣

如果你想有效提高他人的士氣，請具體地給予稱讚。比起只說「很棒！」，不如認可他們的行為，與為取得成功所做的事情。許多人會忽略自己的功績，因此像這樣給予認可，其實十分重要。若覺得做過的事情無法得到認可，可能會減損他們的動力。當你認可他們的努力時，他們就會頓時覺得自己是有能力、獲得證明的人，進而產生動力，以創造更多成就瞬間。

사람들의 사기를 높이세요.

만약 당신이 사람들의 사기를 효과적으로 높이고 싶다면, 이렇게 해 보세요. 구체적으로 칭찬을 하세요. 그저 "멋져요!"라고 말하는 대신에, 그들의 행동과 그날의 성공을 위해 그들이 한 일을 인정해 주세요. 많은 사람들이 자신의 업적을 경시하는 경향이 있기 때문에 이렇게 인정해 주는 것은 매우 중요합니다. 한 일에 대해 인정받지 못한다고 느끼는 것은 그들의 동기를 손상시킬 수 있습니다. 당신이 그들의 노력을 인정할 때, 그들은 능력 있고 인정받는다고 느낄 것이며, 더 많은 성취의 순간들을 창조할 동기 부여를 받을 것입니다.

Boost people's morale.

· morale 士氣、意欲　· downplay 忽略　· chip away at 逐步削弱

It has nothing to do with gratitude.

Some people think being grateful holds them back from becoming successful. If someone struggles to make more money, it's not because they are too grateful. It's because they lack the skills to do so. Not accumulating wealth isn't because you're satisfied and content with your life. It's because you lack the skills to manage money effectively.
The truth is, being grateful has nothing to do with poor skills.
The more you cultivate a grateful and abundant mindset, the more joyously you can develop the skills you need.

與感謝無關

有些人認為，抱著感謝的心理會妨礙成功。如果有人賺不了太多錢，並不是因為他們太過感謝的緣故，而是因為賺錢的技巧不足。若無法累積資產，也不是因為滿足於豐饒的生活，而是不懂得有效率地運用錢財。事實上，感謝與拙劣的技巧並無關聯，你愈帶著富足的感恩之心，就愈能愉快地培養所需的技巧。

감사함과는 상관없습니다.

감사한 마음을 가지면 성공에 방해가 된다고 생각을 하는 사람들이 있습니다. 누군가 더 많은 돈을 벌기 위해 애쓰고 있다면 너무 감사하기 때문이 아닙니다. 돈을 버는 기술이 부족하기 때문입니다. 자산을 못 모으는 것은 삶에 만족하고 풍요로워서가 아닙니다. 돈을 효율적으로 관리하는 기술이 부족하기 때문입니다. 사실은 감사함과 서툰 기술 사이에는 아무런 관련이 없습니다. 감사하고 풍요로운 마음을 가질수록, 당신이 필요한 기술을 더욱 즐겁게 키워 나갈 수 있습니다.

It has nothing to do with gratitude.

· hold back 妨礙　· accumulate 累積、收集　· cultivate 培養

Remind people of their strengths.

Remind people of their strengths. We all tend to downplay the incredible gifts we have. We each hold a unique superpower, yet we barely acknowledge it. We've also probably talked about our weaknesses more than enough.

Empowering people can genuinely help them win. And don't stop there; also remind yourself how awesome you are.

Give yourself and the people around you a daily dose of empowerment. It'll be worth it.

提醒他人的優點

請提醒他人的優點。我們都容易忽略自己擁有的驚人才能。人各自有獨特的超能力，然而我們卻幾乎沒有意識到，甚至經常談論自己的缺點。

你要給他人力量，才能真正幫助他們獲勝，不僅如此，也請務必提醒自己是多麼棒的人。試著每天給自己與周圍的人灌輸能量，這樣的過程是有價值的。

사람들에게 그들의 장점을 상기해 주세요.

사람들에게 그들의 장점을 상기해 주세요. 우리 모두는 우리가 가진 놀라운 재능을 경시하는 경향이 있습니다. 우리는 각자 독특한 초능력을 가지고 있지만, 그것을 거의 인지하지 못하고 있습니다. 그리고 아마도 우리는 우리의 약점에 대해 너무 많이 이야기했을 것입니다. 사람들에게 힘을 실어 주는 것은 진정으로 그들이 이기도록 도울 수 있습니다. 그리고 거기서 멈추지 말고, 당신이 얼마나 멋진 사람인지를 스스로에게 상기해 보세요. 매일 자신과 주변 사람들에게 힘을 실어 주세요. 그럴 만한 가치가 있을 것입니다.

Remind people of their strengths.

· downplay 忽略　· empower 給予力量　· a dose of 稍微的

Lead with kindness.

Lead with kindness because it makes you happier.
When you lead with kindness, it gives you fulfillment and happiness.
Lead with kindness because it can transform relationships.
When you lead with kindness, it breaks down barriers and builds trust.
Lead with kindness because it can save someone's day.
When you lead with kindness, it can be a lifeline to someone in need.
Lead with kindness because it can elevate your influence.
When you lead with kindness, you become a magnet for greatness.

友善地帶領他人

友善地帶領他人，會讓自己更加快樂，當你這麼做，它會讓你產生成就感與快樂。請友善地帶領他人，它會讓你們之間的關係產生變化，當你這麼做，就能消除障蔽、累積信賴。請友善地帶領他人，它可以讓某人快樂一整天，當你這麼做，就能拯救某個需要幫助的人。請友善地帶領他人，它可以提高你的影響力，當你這麼做，就能成為吸引他人的偉大人物。

친절하게 이끄세요.

당신을 더 행복하게 해 주기 때문에 친절하게 이끄세요. 친절하게 이끌면 성취감과 행복감이 생깁니다. 관계를 변화시킬 수 있기에 친절하게 이끄세요. 친절하게 이끌면 장벽이 허물어지고 신뢰가 쌓입니다. 누군가의 하루를 살릴 수 있기 때문에 친절하게 이끄세요. 당신이 친절하게 이끌 때, 그것은 도움이 필요한 누군가에게 생명줄이 될 수 있습니다. 당신의 영향력을 높일 수 있기 때문에 친절하게 이끄세요. 당신이 친절하게 이끌면 당신은 위대함의 자석이 됩니다.

Kindness

Lead with kindness.

· lifeline 命脈 · elevate 提高

Humanity

"Asking rather than pretending is a strength."

「避免不懂裝懂而詢問的行為，就是力量。」

"아는 척하지 않고 묻는 것이 곧 힘입니다."

from Day 60

Be okay to ask.

Be okay with not knowing everything.
A great leader is not an expert at all things. A leader is someone who leads people with inspiration and brings out the best in them.
Be okay with asking questions, and don't degrade yourself because you don't know certain things. No one knows everything. Your job is not to pretend like you have it all.
Being an expert doesn't make you a leader. A leader is someone who makes collective success possible. Asking rather than pretending is a strength.

大膽開口問吧

就算什麼都不懂也沒關係。即使是偉大的領導者，也不是通曉所有類型的專家。領導者該做的是啟發他人、發揮其最大能力。不妨開口問吧，不用因為不懂而責備自己。不可能有人知道所有事，你的角色並不需要假裝擁有一切。即使是專家，也不代表是個領導者。所謂領導者，是讓團體獲得成功的人。開口問，而不是不懂裝懂，這就是力量。

물어봐도 괜찮습니다.

모든 것을 다 알지 못해도 괜찮습니다. 위대한 리더라도 모든 것에 전문가는 아닙니다. 리더는 사람들에게 영감을 주며 그들이 최고의 능력을 발휘하게 하는 사람입니다. 질문을 해도 괜찮습니다. 그리고 모르는 것이 있다고 해서 자신을 비하하지 마세요. 그 누구도 모든 것을 알 수는 없습니다. 당신의 역할은 모든 것을 가지고 있는 것처럼 행동하지 않는 것입니다. 전문가가 된다고 해서 리더가 되는 것은 아닙니다. 리더는 집단적인 성공을 가능하게 하는 사람입니다. 아는 척하지 않고 묻는 것이 곧 힘입니다.

Be okay to ask.

· expert 專家　· bring out the best in 使人發揮最大能力　· degrade 責備　· pretend 假裝

Beware of the traps of dissatisfaction.

Some people believe that if we are satisfied, we won't grow.
Dissatisfaction can be used as motivation to achieve more.
However, beware of the traps of dissatisfaction, because too much of it can be used against you.
If you're always thinking that nothing's ever enough, you're using it against yourself. Too much dissatisfaction ends up killing motivation.
Feeling satisfied is a skill you must cultivate to move on to the next level.

小心名為不滿足的圈套

有些人認為，如果自認滿足就無法成長，並將不滿足當作更多成就的動機。然而若過度使用，反而對自己不利，因此你必須小心名為不滿足的圈套。若總是對任何事都感到不滿足，那你就是用來對付自己。太多的不滿只會摧毀你的動機。感到滿足，是你為了進入下一階段必須培養的一種技巧。

불만의 덫을 조심하세요.

어떤 사람들은 우리가 만족하면 성장하지 못할 것이라고 생각합니다. 불만은 더 많은 것을 성취하기 위한 동기 부여로 사용될 수 있습니다. 그러나 너무 과용하면 자신에게 불리할 수 있기에 불만의 덫을 조심해야 합니다. 항상 아무 것도 충분하지 않다고 생각한다면 당신은 그것을 자신에게 불리하게 사용하는 것입니다. 너무 많은 불만은 결국 동기를 죽입니다. 만족감을 느끼는 것은 다음 단계로 나아가기 위해 길러야 할 기술입니다.

Beware of the traps of dissatisfaction.

· end up 最終成為　· move on 邁進

There's no reason to get discouraged.

No matter what kind of field you are in, people who gossip and talk about your work never do it better than you. Never.
They may talk all they want, but it doesn't mean they know more than you. People who excel in your field don't talk about you. Can you even imagine someone at the top of your profession gossiping about you? It wouldn't even cross their minds. No matter what your field of expertise is, don't let people's empty words shake your confidence.

你沒有理由畏縮

不管你在哪個領域工作，對你做的事情說三道四、指指點點的人，絕對不會比你做得更好。他們口無遮攔，但並沒有懂得比你更多。你所處領域中的傑出人士，不會對你品頭論足。你能想像位於自己領域頂點的人說你閒話嗎？他們連想都不會想。不管你的專業領域為何，請不要讓他人的空話影響你的自信心。

움츠러들 이유가 없습니다.

당신이 어떤 분야에서 일을 하고 있건, 당신이 하는 일에 대해 험담하고 뭐라 하는 이들은 절대로 당신보다 그 일을 잘하지 않습니다. 그들은 하고 싶은 말을 다 하겠지만 그렇다고 그들이 당신보다 더 많은 것을 안다는 것은 아닙니다. 당신이 있는 분야에서 뛰어난 사람은 당신에 대해 이야기하지 않습니다. 당신이 있는 분야에서 최고의 자리에 있는 사람이 당신에 대해 험담을 하는 것이 상상이 되나요? 그들은 생각조차 하지 않을 것입니다. 당신의 전문 분야가 무엇이든 사람들의 가치 없는 말들이 당신의 자신감을 흔들게 두지 마세요.

There's no reason to get discouraged.

· excel 傑出的　· expertise 專業知識

Perfection is an illusion.

Perfection is an illusion.
There's not a single soul in this world who is 'perfect.'
Every single thing we see is crafted by beautifully flawed individuals. No opportunity, no endeavor, and no project can ever be 'perfect.'
That's why we need a positive mindset. Otherwise, we're trapped in a never-ending loop of negativity.
Embrace those imperfections. You have the power to create remarkable results regardless.

完美是一種幻想

完美是幻想，世上沒有人是「完美的」。我們看到的一切，都是有美麗缺陷的人所做出來的。不管是什麼樣的機會、工作或計畫，都不存在「完美」。也因此，我們需要正面的心態。若非如此，就容易困在負面的循環之中。請接受那份不完整。即使你不完整，也擁有創造傑出成果的力量。

완벽함은 환상입니다.

완벽함은 환상입니다. 세상에는 단 한 명도 '완벽한' 사람이 없습니다. 우리가 보는 모든 것들은 아름답게 결함이 있는 사람들에게서 만들어진 것입니다. 어떠한 기회도, 어떠한 일도, 어떠한 프로젝트도 '완벽'할 수 없습니다. 그래서 우리에게는 긍정적인 마음가짐이 필요합니다. 그렇지 않으면 끝나지 않는 부정의 고리에 갇히게 됩니다. 불완전함을 받아들이세요. 당신은 불완전해도 뛰어난 결과를 만들 수 있는 힘을 가지고 있습니다.

· craft 創造　· flawed 有缺陷的　· loop 環

Acknowledge yourself.

If you don't acknowledge yourself, you won't acknowledge the things you create. Without self-belief and self-appreciation, you won't be able to put your remarkable skills to use. For instance, such individuals might create awesome products but may struggle to sell them at their true value.
Validate yourself before seeking validation from others.
Choose to take pride in yourself. Support yourself to become who you aspire to be. It will be far more effective than self-blame.

DAY

064

認可你自己

如果你不認可你自己，你做的東西也不會獲得認可。如果你不相信、不喜歡自己，即使能力再傑出，也無法好好運用。好比說，你可能很會做東西，卻無法用合理的價格賣出去。
在獲得他人的認可之前，請先認可你自己吧。為自己感到自豪，幫助自己成為想要的樣子，這比自責要有效果多了。

스스로를 인정해 주세요.

스스로를 인정해 주지 않으면, 자신이 만든 것들도 인정하지 않습니다. 스스로를 믿지 않고, 탐탁지 않게 여기면 훌륭한 능력을 가지고 있어도 그 능력을 사용하지 못합니다. 예를 들어, 이런 사람들은 물건은 잘 만드는데 제값을 받고 팔지는 못하게 됩니다. 다른 사람들의 인정을 받기 전에 스스로를 인정하세요. 스스로를 자랑스러워하겠다고 선택하세요. 그리고 스스로가 원하는 모습이 될 수 있도록 도와주세요. 이것이 자책하는 것보다 훨씬 효과적일 것입니다.

· put to use 使用　· far more 更有　· validate 認可

Your capability is not fixed.

You might be sad because you don't feel capable or strong enough. It can feel like you are far behind where you want to be, but remember this: what matters the most is that you are heading in the right direction.

Your capability is not fixed; you are still growing. Don't stop your journey because you think you've failed. People still need you.

DAY
065

你的能力不僅止於此

你可能會因為感覺不到自己有能力或足夠強大而難過。儘管你覺得自己遠不及希望成為的樣貌，但請記住，重點在於是否朝正確的方向邁進。你的能力並非僅止於此，你仍在成長。即使自認失敗，也不要停下腳步，因為大家還需要你。

당신의 능력은 고정된 것이 아닙니다.

당신은 능력이 있거나 충분히 강하다고 느끼지 않기에 슬플 수 있습니다. 당신이 되고 싶은 모습에 많이 뒤처져 있는 것처럼 느껴질 수도 있지만, 이 점을 기억하세요. 가장 중요한 것은 당신이 올바른 방향으로 가고 있다는 것입니다. 당신의 능력은 고정된 것이 아닙니다. 당신은 여전히 성장하고 있습니다. 실패했다고 생각하며 여행을 멈추지 마세요. 사람들이 당신을 필요로 하니까요.

·be far behind 落後許多 ·head 朝著

Don't crush your confidence.

Humility isn't about blocking your own path or believing that you lack the ability to progress.

"You're not ready yet."

"Who do you think you are?"

These inner voices undervalue your capability and hold you back.

Check if your fear is disguising itself as humility.

If you're worried about lacking skills, you can develop them while believing in yourself. Don't say things to yourself that you wouldn't say to anyone else. Don't crush your confidence.

DAY
066

不需要滅自己威風

謙虛並不代表斷自己的路，也並非認定自己能力不足，而是「你還沒準備好。」「你憑什麼站在大家面前？」這些內在聲音，在低估你的能力、阻礙你成長。請確認一下，那是否是偽裝成謙虛的恐懼。如果擔心實力不足，就相信自己並累積實力。你不會對他人說的話，就不要對自己說。不需要滅自己威風。

자신감을 꺾지 마세요.

겸손함은 스스로의 길을 가로막거나 나아갈 능력이 부족하다고 믿는 것이 아닙니다. "너는 아직 준비가 안 되었어." "네가 뭔데 사람들 앞에 나서?" 이러한 내면의 목소리들은 당신의 능력을 과도하게 낮게 평가하고, 성장을 가로막습니다. 겸손함을 가장한 두려움은 아닌지 체크해 보세요. 실력이 부족한 것이 걱정이라면, 스스로를 믿으며 실력을 쌓을 수 있습니다. 누군가에게도 하지 않을 말을 스스로에게 하지 마세요. 자신감을 꺾지 마세요.

Don't crush your confidence.

· humility 謙虛　· block 阻礙　· undervalue 低估

Recognize your innate qualities.

Humility is much more than just acknowledging your imperfections. Humility is about being grateful for everything that has made you who you are today. It's knowing that you're not great all by yourself. It's being thankful to those who have helped you along the way. It's recognizing your innate qualities. It's appreciating the abundance that you're currently blessed with. Those who possess gratitude clearly understand their strengths. They can take massive actions to build momentum.

認可你的天生資質

謙虛並非單純認可你的弱點。所謂謙虛，是指對至今創造自己的所有事物抱持感謝。請認知，你能成功並非只靠自己，必須感謝到目前為止幫助過你的人。請認可你的天生資質，感謝目前享受到的富足。懂得感恩的人會明確理解自己的優勢，這讓他們得以做出偉大行動而獲得力量。

타고난 자질을 인정해 주세요.

겸손함은 단순히 약점을 인정하는 것 그 이상입니다. 겸손함이란, 지금의 나를 만들어 준 모든 것에 감사하는 것입니다. 당신 스스로 잘난 것이 아님을 인지하는 것입니다. 지금까지 당신을 도와준 사람들에게 감사하는 것입니다. 타고난 자질을 인정하는 것입니다. 당신이 현재 누리고 있는 풍족함에 감사하는 것입니다. 감사하는 마음을 가진 사람은 그들의 강점을 분명히 이해하고 있습니다. 그들은 힘을 얻기 위해 거대한 행동을 할 수 있습니다.

Recognize your innate qualities.

· innate 天生的　· imperfection 缺點、缺陷　· possess 擁有　· momentum 氣勢、力量

Don't sell yourself short.

Don't sell yourself short. When you are jumping into something new, never undersell yourself. Believe it or not, you might already be much better at your new endeavor than those who have been doing it for years. Even though you might have just started, you have tools that veterans in the industry don't have.

Recognizing this and refusing to undervalue yourself can save you significant time and resources. Above all, it allows you to live life on your terms.

DAY
068

不要低估自己

不要低估自己。請不要在嘗試新事物時，貶低自己的價值。儘管難以相信，但你或許已經比已有數年經歷的人來得好。即使才剛開始，你或許已經擁有該業界經驗豐富的人都沒有的工具。只要認知到這個事實，不低估自己，就可以節省大量時間與金錢。更重要的是，你可以活成自己的樣子。

자신을 과소평가하지 마세요.

자신을 과소평가하지 마세요. 새로운 것을 할 때 절대 당신의 가치를 떨어뜨리지 마세요. 믿기 힘들겠지만 당신은 수년간 그 일을 해 온 사람들보다 당신의 새로운 일을 이미 더 잘할 수도 있습니다. 당신이 이제 막 시작했다 하더라도 그 업계의 경험 많은 사람조차 가지지 못한 도구를 가지고 있습니다. 이 사실을 인지하고 스스로 과소평가하지 않는 것만으로도 엄청난 시간과 돈을 절약할 수 있습니다. 무엇보다, 스스로의 모습으로 살아갈 수 있습니다.

· sell short 輕視、低估　· undersell 以便宜的價格賣出、價值下降
· on one's terms 以某人的方式

You are not alone.

You may feel lonely because you think no one understands you.
You may feel lonely because you think you're on your own.
Loneliness leads to underperformance, and ultimately burnout.
Loneliness comes when a leader loses humanity.
What is blocking you from making deeper connections?
What could help you create more meaningful connections?
Remember, you are not alone.

你並不孤單

你可能覺得沒人理解自己而感到寂寞，因為孤獨一人而感到寂寞。但寂寞會阻礙你的成就，最終招致倦怠。寂寞會在領導者失去人性時找上門來。是什麼阻礙你建立更進一步的關係？什麼可以幫助你建立更有意義的關係？請記住，你並不是一個人。

당신은 혼자가 아닙니다.

아무도 당신을 이해해 주지 않는다고 느끼기 때문에 당신은 외로울 수 있습니다. 혼자 있는 것 같아서 외로울 수 있습니다. 외로움은 낮은 성과를 초래하고, 궁극적으로 번아웃을 초래합니다. 외로움은 리더가 인간성을 잃을 때 옵니다. 더 깊은 관계를 가로막는 것은 무엇인가요? 더 의미 있는 관계를 맺는 데 도움이 되는 것은 무엇인가요? 당신은 혼자가 아니라는 것을 기억하세요.

Humanity

You are not alone.

· on one's own 獨自、單獨地　· underperformance 業績不振

PART
08

Perspective

**"Let go of comparison and
shift your focus to your own life."**

「請專注於你的生活，不用去比較。」

"비교하지 말고 당신의 삶에 집중하세요."

from Day 71

What perspectives serve you?

What perspectives serve a person to be a strong leader?
When difficulties arise, some say things like:
"Why does this have to be so difficult?"
"What did I do to deserve this?"
"What's wrong with my life?"
On the other hand, strong leaders say,
"This is my opportunity to grow."
"I'm excited to meet the person I've become after this chapter."

什麼樣的觀點有幫助？

一個人若想成為強大的領導者，什麼樣的觀點才有幫助？當遇到困難時，有些人會說這樣的話：「為什麼這麼難？」「我為什麼會遇到這種事？」「我的人生到底有什麼問題？」相反的，強大的領導者會說：「現在正是成長的好機會。」「想到度過這個時期後成長的自己，就覺得很興奮。」

DAY
070

어떤 관점이 도움이 되나요?

한 사람이 강한 리더가 되는 데 어떤 관점이 도움이 될까요? 어려움이 닥쳤을 때 어떤 사람들은 다음과 같은 말을 합니다. "왜 이렇게 어려운 거지?" "왜 내가 이런 일을 당해야 하지?"
"내 인생에 무슨 문제가 있나?" 반면에 강한 리더들은 이렇게 말합니다. "지금이야말로 성장할 수 있는 기회야." "이 시기가 지나고 성장할 나 자신을 만날 생각에 기대된다."

What perspectives serve you?

· arise 發生   · on the other hand 相反的

Let go of comparison.

Comparing yourself to someone who seems to have it all together is a losing game. Don't think of that person as a competitor. Don't lose heart by comparing yourself to him or her.

When you see someone for just an hour, that's merely a fraction of their 24-hour day. When seeing someone's year, it's the result of decades of effort.

Let go of comparison and shift your focus to your own life.

Remember, it's YOUR life, and there's no such thing as being "too late." You have the power to make it happen.

放下比較心

將自己跟似乎擁有一切的人比較，其實就已經輸了。請不要把自己當作那個人的競爭對手，也不要因為跟那個人比較而灰心喪志。你關注他的那一個小時，只是那人24小時中的一部分；你關注的他那一年，只是他數年努力的成果。請專注於你的生活，不用去比較。這終究是你的人生，沒有所謂的較遲較晚，你絕對有能力做到。

비교를 내려놓으세요.

모든 것을 가진 것 같아 보이는 사람과 자신을 비교하는 것은 지는 게임입니다. 그 사람을 경쟁 상대로 생각하지 마세요. 그 사람과 비교해서 낙담하지도 마세요. 당신이 어떤 사람을 한 시간 동안 볼 때 그것은 단순히 그 사람의 24시간 중의 일부일 뿐입니다. 그 한 사람의 일 년을 볼 때 그것은 수십 년의 노력의 결과인 것입니다. 비교하지 말고 당신의 삶에 집중하세요. 어차피 당신 인생이며, 너무 늦은 것 따위는 없습니다. 당신은 할 수 있는 힘이 있습니다.

Let go of comparison.

· lose heart 灰心　· fraction 一部分　· decade 10 年　· shift 移動

You are the star of your show.

We only ever see a small piece of the whole picture.
What we see are just fragments of other people's stories.
Don't waste energy being jealous of others' lives.
Don't look at one aspect of a successful person's life and say, "Why don't I have what he has?" Instead, use that person as a catalyst, knowing that that's one of many options.
You are the star of your show, not them. You've got what it takes to make the best version of your life.

你是這場秀的主角

我們都只看到事情的一部分，我們看到的都只是他人故事的片段。請不要浪費力氣去忌妒他人的人生，也不要看著成功人士生活的一部分，去想「為什麼我沒有他卻有？」相反的，請將那人的生活當作誘因，納入眾多選項之中。這場秀的主角是你而非他們，你有充分的資格邁向最棒的人生。

당신이 쇼의 주인공입니다.

우리는 모두 현상의 일부분만을 봅니다. 우리가 보는 것은 다른 사람들 이야기의 단편뿐입니다. 다른 사람의 인생에 대해 질투하며 에너지를 낭비하지 마세요. 성공한 사람의 삶의 한 측면만 보고 "왜 나는 그가 가진 것을 갖고 있지 않지?"라고 생각하지 마세요. 대신 그 사람의 삶이 많은 선택지 중에 하나라는 것을 알고 기폭제로 사용하세요. 당신이 쇼의 주인공이지 그들이 아닙니다. 당신은 최상의 삶을 살아갈 수 있습니다.

You are the star of your show.

· fragment 片段　· catalyst 誘因

Are you looking for a better tactic?

There are people out there with aspirations, but they struggle to take action. They obsess over the 'how.' Knowing how is indeed important, but you can know every strategy in the world and still be stuck, unable to make the next move.

In those situations, it's not about searching for a better tactic. It's about trusting yourself. If you're ever in that rut, ask yourself this: Is it because I don't know 'how' to do it, or is it because I don't trust myself enough to actually do it?

你是否在找更有效的方法？

有些人明明渴望，卻無法朝目標行動，苦惱著「該怎麼做」。了解方法雖重要，但即使知道世上所有策略，若停留在原地，就什麼也做不了。這時，問題已不在於是否有更有效的方法，而是你不夠相信自己。假使你停滯在這樣的狀態，請捫心自問：你無法行動，是因為不知道「能做到的方法」，還是缺乏「能做到的信念」？

더 효과적인 방법을 찾고 있나요?

열망은 있는데 목표를 향해 행동을 하지 못하는 사람들이 있습니다. 그들은 '어떻게'에 대해 고민합니다. 방법을 아는 것은 확실히 중요하지만, 세상의 모든 전략을 알고 있어도 꼼짝 못 하고 다음 행동을 못 할 수 있습니다. 그럴 때에는 더 효과적인 방법을 찾지 못한 것이 문제가 아닙니다. 스스로에 대한 믿음이 문제입니다. 당신이 그런 상태에 정체되어 있다면 스스로에게 한 번 물어보세요. 내가 행동하지 못하는 이유는 '할 수 있는 방법'을 몰라서일까, 아니면 '할 수 있다는 믿음'이 없어서일까?

Are you looking for a better tactic?

· tactic 策略　· aspiration 渴望　· obsess over 對～感到苦惱　· be in a rut 一成不變

Are you torn between two options?

When you find yourself torn between two options, try this perspective: If these options are significant enough to make you stop and think, they probably both have value. If one option were significantly better, you wouldn't hesitate.

So the key now is to develop the ability to take charge and create the best possible outcome, no matter which choice you make. If you are determined to become a better person, create the result you want with whatever decision you make.

你是否在兩個選項間左右為難？

當你在兩個選項間左右為難時，請嘗試這樣思考：假使這些選項重要到讓你停下思考，或許兩者都有其價值；如果一邊明顯較好，就不可能猶豫。那麼現在最重要的，是哪種選擇才能讓你找到創造最佳成果的能力。若你決心成為更好的人，不管你做什麼選擇，都會達到你要的結果。

두 개의 옵션 사이에서 고민하고 있나요?

두 개의 옵션 사이에 고민하고 있다면, 이렇게 생각해 보세요. 그 옵션들이 당신이 멈춰서 고민할 정도로 중요하다면 둘 다 아마도 가치가 있을 것입니다. 아주 명확하게 한쪽이 더 좋다면 망설이지 않을 것입니다. 그렇다면 이제 중요한 것은 당신이 어떤 선택을 하건 최상의 결과를 이끌어 낼 수 있는 능력을 개발하는 것입니다. 당신이 더 나은 사람이 되기로 결심했다면 당신이 어떤 선택을 하든 당신이 원하는 결과를 만들어 내세요.

Are you torn between two options?

· torn between 在兩者之間考慮　· take charge 主導、負責

The choice is yours.

There are two kinds of people: those who use their circumstances as an excuse, and those who turn them into motivation.

The question is, how do you view your surroundings? Are they tools for progress, or are they obstacles in your way? The choice is yours.

Are you going to empower yourself by using your environment as a tool for higher achievement, or will you surrender the driver's seat of your life to someone else?

取決於你

這世上有兩種人，一種人會把自己的環境當作藉口，一種人則會把自己的環境當作動力。重點在於你如何看待自己的環境，是把它當作成長的工具，還是眼前的障礙物？這取決於你。你是要為了達到更高成就，而將環境當作工具使用，賦予自己權力，還是將生命的主導權交給他人？

선택은 당신의 것입니다.

두 종류의 사람이 있습니다. 어떤 사람은 자신의 환경을 변명거리로 사용하고, 어떤 사람은 자신의 환경을 동기 부여로 사용합니다. 문제는 당신은 환경을 어떻게 보고 있냐는 것입니다. 성장을 위한 도구인가요, 아니면 당신 앞의 장애물로 보고 있나요? 선택은 당신의 몫입니다. 더 높은 성과를 위해 당신의 환경을 도구로 사용해서 당신 스스로에게 권한을 부여할 것인가요, 아니면 당신 삶의 주도권을 다른 사람에게 넘길 것인가요?

The choice is yours.

· excuse 藉口　· turn into 改變　· empower 給予權力

Are you becoming?

Here's a question that can help you make decisions.
"Are you in the process of becoming or are you avoiding?"
In other words, are you moving toward your fullest potential or are you running away from discomfort?
Becoming means stepping out of your comfort zone and growing into a version of yourself that you wish to see.
Running away means staying stagnant and clinging to the familiar to feel comfortable at the price of sacrificing your dreams. Your answer to this question will bring you clarity.

你正成為自己想要的樣子？

DAY

076

我問個能幫助你做決定的問題：「你是否正成為想要的樣子？還是正在逃避？」也就是說，你是在往能最大發揮潛力的方向邁進，還是正為了避免不適而逃避？成為想要的樣子，意味著脫離舒適圈，並成長為自己希望的樣貌。逃避會讓人停滯，也代表為了選擇熟悉的舒適環境，而犧牲自己的夢想。而這個問題的答案，相信能讓你的思路更為清晰。

당신은 (원하는 모습이) 되어 가고 있나요?

여기 의사 결정에 도움이 되는 질문이 있습니다. "당신은 (원하는 모습이) 되어 가고 있는 중인가요, 아니면 피하고 있는 중인가요?" 다시 말해, 잠재력을 최대한 발휘하는 쪽으로 나아가고 있나요, 아니면 불편함을 피해 도망치고 있나요? 무언가 된다는 것은 편안한 공간에서 벗어나 당신이 원하는 자신의 모습으로 성장하는 것을 의미합니다. 도망친다는 것은 정체된 상태에 머물며, 자신의 꿈을 희생시키는 대가로 익숙함에 달라붙어 편안함을 느낀다는 것을 의미합니다. 이 질문에 대한 답변이 당신에게 명확함을 가져다줄 것입니다.

Are you becoming?

·In other words 換句話說　·stagnant 停滯的　·cling to 固守著

You are on the same team.

Remember this in a conflict with someone you care about.
It's not a matter of want, but a matter of capability.
What does this mean? It's easy to assume that the other person has done something if they wanted to do it. This is neither true nor helpful. You may want them to act a certain way, but they may not meet your expectations. It is because they can't, not because they don't care.
Maybe it is not one of their strengths, just like there are things you are not good at. At the end of the day, you are on the same team.

你們處在同一個團隊

當你跟某個重視的人有爭執時，請記住這點：問題並非出在對方想不想做，而是能不能做到。這是什麼意思呢？我們容易將問題點放在是對方想要才做了某事，這種想法並非事實，也沒幫助。你或許希望他們用特定方法做事，但卻無法合乎期待。並非他們不用心，而是沒辦法。這可能並非他們的強項，就像你也有不擅長的事情一樣。最終，你仍與他們處在同一個團隊。（你們在同一艘船上）

DAY

당신은 같은 팀에 있습니다.

당신이 아끼는 누군가와 갈등을 빚을 때 이 점을 기억하세요. 이것은 욕구의 문제가 아니라 능력의 문제입니다. 이게 무슨 뜻일까요? 상대방이 원했기 때문에 무언가를 했을 거라고 추측하기 쉽습니다. 이것은 사실도 아니고 도움이 되지도 않습니다. 당신은 그들이 특정한 방식으로 행동하기를 원할 수도 있지만, 그들은 당신의 기대에 부응하지 못할 수도 있습니다. 그들이 신경을 쓰지 않은 것이 아니라 할 수 없기 때문입니다. 아마도 그들의 장점이 아닐 수도 있습니다. 마치 당신이 잘하지 못하는 것도 있는 것처럼 말입니다. 결국 당신은 그들과 같은 팀에 있습니다.(같은 편입니다)

You are on the same team.

· assume 推測 　· meet expectations 符合期待

Practice long-term thinking.

There is an important perspective to consider when dealing with relationships with people and in work — and that's "long–term thinking." Many people misunderstand this.

"Should I take it easy since there are no immediate results?"

No, it's quite the opposite.

By not fixating on instant results, we can focus on the task at hand right now. If we can adopt a "long-term perspective," life becomes smoother and time becomes our ally — even when we encounter short-term setbacks.

練習長遠思考

當你在對待人際關係與工作時，有個觀念很重要，即「長遠思考」。很多人會誤會這句話，它並不代表「既然無法馬上交出成果也無所謂，不如想開一點？」正好相反。當你長遠思考時，意味著即使短期遭受挫折，生活也會變得更加順遂，而時間就是我們的好幫手。

DAY
078

길게 보는 관점을 연습하세요.

사람과의 관계와 일을 대할 때도, 중요한 관점이 있습니다. 바로 '길게 보는 것'입니다. 이 말을 오해하는 분들이 많습니다. '지금 당장 결과가 없어도 되니까 편하게 생각해야 하나?' 아닙니다. 오히려 그 반대입니다. 지금 당장의 결과에 연연하지 않기에 지금 당장 집중해서 무언가를 할 수 있습니다. 길게 보는 관점을 취하면 단기간에 손해를 본다 하더라도 삶이 더욱 원활하고 시간은 우리의 조력자가 됩니다.

Practice long-term thinking.

· take it easy 想開一點　· fixate 留戀　· ally 協力者　· encounter 遇到　· setback 後退、敗北

Be fully present.

Savoring is one of the most essential skills for higher performance and a happier life. Savoring means being fully present in the moment and appreciating it.

Think about a great opportunity that comes your way. At first, you might be excited. But if you don't pause to fully appreciate it, those feelings can quickly transform into nerve-wracking pressure.

It's like going from "I'm really looking forward to this" to "I can't afford to lose this chance" in the blink of an eye. Treasure the experience for what it is.

忠於當下

懂得品味，是一種獲得更高成就與幸福生活的必備技巧。所謂的品味，是指忠於並欣賞該瞬間。請思考一下找上門來的機會，你可能會在一開始感到興奮，但若不停下好好品味，那份情緒很快就會轉變成讓人緊張的壓迫感，彷彿頓時從「超期待」變成「錯過這樣的機會就糟了」。請珍視經驗本身。

그 순간에 충실하세요.

음미하는 것은 더 높은 성과와 행복한 삶을 위해 가장 필수적인 기술 중 하나입니다. 음미한다는 것은 그 순간에 충실하고, 감상하는 것입니다. 당신 앞에 주어진 좋은 기회에 대해 생각해 보세요. 처음에는 신이 날 수도 있습니다. 하지만 당신이 멈춰 서서 그것을 완전히 음미하지 않는다면, 그러한 감정들은 당신을 긴장시키는 압박으로 빠르게 바뀔 수 있습니다. 마치 눈 깜짝할 사이에 "너무 기대된다."에서 "이 기회를 놓칠 여유가 없다."로 넘어가는 것과 같습니다. 경험을 있는 그대로 소중히 여기세요.

Be fully present.

· savor 品味　· essential 重要的　· nerve-wracking 費心的　· treasure 珍視

PART

09

Communication

**"Communication is a vital key
to building effective teamwork and influence."**

「溝通，在有效團隊合作與建立影響力上擔任重要角色。」

"커뮤니케이션은 효과적인 팀워크와 영향력 구축에 있어
중요한 역할을 합니다."

from Day 81

Be clear.

It can be difficult to have a clear conversation with someone.
You may not want to hurt the other person's feelings.
You may not want to come across as harsh.
But when your message is unclear, their performance suffers.
It's as if you're asking a player to guess where the target is.
Always strive to communicate with clarity and specificity.
A clear conversation might be the best thing you can do for someone.

清晰表達

有時與人進行明確的對話可能不容易，因為你不想傷害對方感情，也不想給予太嚴格的印象。但若訊息不明確，將有損他們的成果。這就跟你要運動選手去自行推測目標差不多，請盡量明確並具體地溝通，這可能是你能為他人做到最好的事了。

명확해지세요.

누군가와 명확한 대화를 나누는 것은 어려울 수 있습니다. 상대방의 감정을 상하게 하고 싶지 않을 수 있습니다. 너무 엄한 인상을 주고 싶지 않을 수도 있습니다. 그러나 당신의 메시지가 불분명하면 그들의 성과가 나빠집니다. 마치 선수에게 목표 지점을 추측하도록 하는 것과 같습니다. 항상 명확하고 구체적으로 의사소통하려고 노력하십시오. 명확한 대화는 누군가를 위해 할 수 있는 최선의 일일 수 있습니다.

Be clear.

· clear 明確的　· come across as 給予～的印象　· harsh 嚴重的、嚴格的

Communication is a necessity.

Communication is a vital key to building effective teamwork and influence. It's not just an option; it's a necessity. Mastering this skill isn't something that comes naturally; it requires intentional practice.

It's important to remember that poor communication doesn't mean you are a bad person. It simply means there's room for growth.

Think of it this way: if you were a beginner golfer, you wouldn't expect to hit a hole-in-one in your first year. The key is to practice and continuously refine your communication skills.

溝通是必要的

溝通，在有效團隊合作與建立影響力上擔任重要角色。溝通並非選項，而是必備條件。而這並非自然習得的技巧，需要刻意地練習。請記住，缺乏溝通並不代表你是壞人，只是意味著仍有成長的空間。試想。若你是剛開始打高爾夫球的新手，就不會期待在第一年就一桿進洞。重要的在於不斷努力，以求持續改善溝通技巧。

커뮤니케이션은 필수입니다.

커뮤니케이션은 효과적인 팀워크와 영향력 구축에 있어 중요한 역할을 합니다. 커뮤니케이션은 선택사항이 아닌 필수입니다. 이것은 자연스럽게 습득되는 기술이 아닙니다. 의도적인 연습이 필요합니다. 커뮤니케이션이 부족하다고 해서 당신이 나쁜 사람이라는 것을 의미하지는 않음을 기억해야 합니다. 그저 성장할 여지가 있다는 뜻입니다. 이렇게 생각해 보세요. 당신이 골프를 시작한 초급자라면 첫 해부터 홀인원을 치기를 기대하지는 않을 것입니다. 중요한 것은 계속 노력하고 커뮤니케이션 스킬을 지속적으로 개선하는 것입니다.

Communication is a necessity.

· vital 必備的　· intentional 刻意的　· refine 改善

What is your style of ommunicating?

Do you have trouble communicating? Maybe it's because you have not yet understood your team's style of communicating. Some prefer direct communication and struggle to understand details. Some prefer to understand the details of the process. Some prefer harmonious conversation.

It's not about who's right or wrong. It's about knowing the difference and collaborating.

No one is out to give you a hard time. They need you just like you need them. If you understand communication from this perspective, the person on the other side is not to be blamed, but to be understood.

你的溝通風格為何？

你是否在溝通上遇到困難？這可能源自於你尚未理解團隊的溝通風格。有些人偏好直接溝通，而難以理解詳細內容；有些人偏好在過程中理解詳細內容；有些人則偏好協調的對話。你不用去判斷誰對誰錯，畢竟理解差異並合作更為重要。沒有人會刻意為難你。就像你需要團隊一樣，他們也需要你。若能從這個角度理解溝通，就能理解對方，而非責備對方。

당신의 커뮤니케이션 스타일은 무엇인가요?

커뮤니케이션에 어려움을 겪고 있나요? 아마도 당신 팀의 커뮤니케이션 스타일을 아직 이해하지 못했기 때문일 수 있습니다. 일부는 직접적인 커뮤니케이션을 선호하며 세부 내용을 이해하기 어려워합니다. 일부는 과정에서 세부 내용을 이해하기를 선호합니다. 일부는 조화로운 대화를 선호합니다. 누가 옳고 그른지가 중요한 것이 아닙니다. 차이를 이해하고 협력하는 것이 중요합니다. 아무도 당신에게 어려움을 주려고 하지 않습니다. 당신이 그들을 필요로 하는 것처럼 그들도 당신이 필요합니다. 이 관점에서 커뮤니케이션을 이해한다면, 상대방을 비난하는 것이 아니라 이해해야 합니다.

~~~~~~

~~~~~~

~~~~~~

~~~~~~

~~~~~~

~~~~~~

~~~~~~

~~~~~~

~~~~~~

~~~~~~

~~~~~~

~~~~~~

What is your style of communicating?

· harmonious 協調的　· collaborate 合作　· give someone a hard time 折磨某人

Communication is connection.

Communication goes beyond just sharing information.
Communication is about breaking something down in a way that the other person understands.
This is why communication is another word for connection.
Without connection, communication is not as powerful or effective.
When we connect through collaborative communication, we build trust.
Learning how to communicate benefits everyone. It's a skill that not only enhances your personal life but also your career.

溝通在於連結

溝通不純粹是共享資訊。溝通是用對方可理解的方式分析某事，這是溝通也被稱作連結的原因。若沒有連結，溝通會不夠強大或有效。當你透過合作溝通連結時，就能建立信賴。學習溝通方法對任何人都有益處，這個技巧除了你的個人生活之外，也可增進職場表現。

커뮤니케이션은 연결입니다.

커뮤니케이션은 단순히 정보를 공유하는 것을 훨씬 뛰어넘습니다. 커뮤니케이션은 상대방이 이해할 수 있는 방식으로 무언가를 분석하는 것입니다. 이것이 커뮤니케이션이 연결을 나타내는 다른 말인 이유입니다. 연결이 없으면 커뮤니케이션은 강력하거나 효과적이지 않습니다. 협력적인 커뮤니케이션을 통해 연결될 때, 신뢰가 구축됩니다. 커뮤니케이션 방법을 배우는 것은 모두에게 이익이 됩니다. 당신의 개인 삶뿐만 아니라 커리어까지도 증진시키는 기술입니다.

Communication is connection.

· go beyond 不只單純是　· break something down 分析　· collaborative 共同的

Listening goes a long way.

Listening is a significant part of communication.
We all want to be heard, but we often lack the patience to do the same for others. Everyone wants to be heard and understood — especially those who look up to you.
Listening is a skill that you can cultivate. It can be challenging at first, but the more you train yourself to do it, the more you'll experience effective teamwork and build stronger bonds with those around you. Listening truly goes a long way.

聆聽會帶來莫大幫助

聆聽對溝通來說很重要。我們都希望別人仔細聽我們說的話，卻經常沒耐心聽他人說什麼。每個人都希望自己的話被聆聽、理解，尤其是那些尊敬你的人。聆聽是可以培養的技巧，一開始可能很難，但只要多多練習，就可體驗到更有效的團隊合作，也能與周圍人建立更健全的聯繫。聆聽能讓你走得更遠。

경청은 큰 도움이 됩니다.

경청은 커뮤니케이션의 중요한 부분입니다. 우리는 모두 귀 기울여 주길 바라지만 종종 다른 사람들의 말을 듣기 위한 인내심은 부족합니다. 모든 사람들은 자신의 말을 들어 주고 이해받길 원합니다. 특히 당신을 존경하는 사람들에게 더욱 그렇습니다. 경청은 키울 수 있는 기술입니다. 처음에는 어려울 수 있지만, 더 많이 연습하면 더 효과적인 팀워크를 경험하고 주변 사람들과 더 강한 유대감을 형성하게 될 것입니다. 경청은 큰 도움이 됩니다.

Listening goes a long way.

· go a long way 有極大幫助　· look up 尊敬　· cultivate 培養、養成　· bond 聯繫

What do you want to hear?

What words do you want to hear from those around you?

How often do you say those words to them?

"I couldn't have done it without you."

"Your support means the world to me."

"Thank you for pushing me to be my best self."

"You are an exceptional partner."

And more importantly, how often do you say them to yourself?

Do you feel like you are acknowledged and appreciated by yourself?

你想聽什麼話？

你想從周遭人那裡聽到什麼話？你又多常傳達類似的話語？「沒有你就做不到。」「你的支援對我而言意義重大。」「謝謝你鼓勵我展現最好的樣貌。」「你是很優秀的搭檔。」更重要的是，你有多常對自己說這樣的話？你覺得你有被自己認可、感謝嗎？

어떤 말을 듣고 싶나요?

주변 사람들로부터 어떤 말을 듣고 싶나요? 당신은 그런 말을 얼마나 자주 전달하나요? "당신 없이는 할 수 없었어요." "지원해 주셔서 정말 감사해요." "제 최고의 모습이 될 수 있게 독려해 주셔서 감사해요." "당신은 훌륭한 파트너예요." 더 중요한 것은, 그러한 말을 당신 자신에게 얼마나 자주 하나요? 당신은 자신에게 인정받고, 감사받는다고 느끼나요?

~~~~~~

~~~~~~

~~~~~~

~~~~~~

~~~~~~

~~~~~~

~~~~~~

~~~~~~

~~~~~~

~~~~~~

~~~~~~

~~~~~~

What do you want to hear?

· mean the world 極為重要　· exceptional 傑出的

Listen to what you are saying to yourself.

Listen carefully to what you are saying to yourself.
If you say, "I can't afford to make mistakes," you are probably burdening yourself with pressure to be perfect. If you feel too much pressure, it won't help you complete your task successfully.
If you say, "I can do this," you will probably feel more confident in finishing the job well.
You get to choose what you tell yourself. Know that each one will bring different feelings, leading to different actions, and ultimately different outcomes.

聆聽你對自己說的話

請仔細聆聽你對自己說的話。若你說「沒理由犯錯」，就等於是在壓迫自己必須完美。若壓迫感太強，事情就難以成功結束。若能告訴自己「做得到」，就更能有自信地把事情做完。你可以選擇要對自己說的話，不同句子會帶來不同的情緒，並衍生成不同的行為，並在最終帶來不同結果。

스스로에게 하는 말을 경청하세요.

자신이 스스로에게 하는 말을 주의 깊게 들어 보세요. "실수할 여유가 없어."라고 말하고 있다면, 완벽하게 해야 한다고 스스로를 압박하고 있을 것입니다. 너무 압박감을 느끼면 일을 성공적으로 끝내는 데 도움이 되지 않을 것입니다. "할 수 있어."라고 말하고 있다면, 아마도 더 자신감을 가지고 일을 잘 마무리할 것입니다. 당신 스스로에게 하는 말은 당신이 선택할 수 있습니다. 각각의 문장이 다른 감정을 가져올 것이며, 다른 행동으로 이어지고, 궁극적으로 다른 결과를 가져올 것임을 알아 두세요.

Listen to what you are saying to yourself.

· can't afford to 沒餘裕做　· burden 造成負擔

Prevent conflicts.

Do you know what one of the main factors is in preventing conflicts? It's not assuming. People often assume what the other person is thinking. Whether it's a positive or negative assumption, this can lead to misunderstandings and a lack of clear communication.

We can never truly know what the other person wants because we are not mind readers, so don't make assumptions. Ask and communicate. It might feel scary, but with a little bit of courage, you can save yourself from unnecessary drama.

預防衝突

你知道預防衝突的主要因素是什麼嗎？就是不做假設。人們總是會假設對方在想什麼，不管該假設正面或負面，都可能產生誤會或不明確的溝通。我們都不會讀心術，自然無法知道他人想要的事物，因此不要進行假設。請嘗試詢問並溝通，這雖然令人害怕，但只要一點勇氣，就能避免不必要的衝突。

갈등을 예방하세요.

갈등을 예방하는 주요 요인 중 하나가 무엇인지 아시나요? 가정하지 않는 것입니다. 사람들은 종종 상대방이 무엇을 생각하고 있는지 가정합니다. 이것이 긍정적인 가정이든 부정적인 가정이든, 이는 오해와 명확한 의사소통의 부재로 이어질 수 있습니다. 우리는 독심술사가 아니기 때문에 다른 사람이 원하는 것을 절대로 알 수 없으며, 따라서 가정하지 마세요. 물어보고 의사소통하세요. 이것은 무서울 수 있지만, 약간의 용기를 가지면 불필요한 갈등을 피할 수 있습니다.

Prevent conflicts.

· main factor 主要因素　· drama 無法預料的事件

Disappointing moments are not dead-ends.

When you are pushing yourself toward your vision, you may run into disappointments along the way. If you have effective self-dialogue during these moments, disappointment won't discourage you. Instead, these moments become valuable data.
The key is to have open and constructive self-talk.
"Why didn't it work this time?"
"What can I do differently to perform better next time?"
"What is difficult for me right now, and what can I do to boost my spirits?"
Disappointing moments are not dead-ends. Each one is a chance to learn, grow, and get closer to your vision.

DAY

088

失望的瞬間並非死胡同

當你朝希望的願景挑戰時，難免會感到失望。若在這樣的瞬間能與自己有效率地對話，就不會因失望而挫折，那個失望的瞬間反而會成為有價值的資料。關鍵在於，你必須與自己進行誠實且具生產性的對話。「為什麼這次沒效？」「為了下次更好，可以做什麼改變？」「現在對我來說什麼是困難的？若想再加把勁，該做些什麼？」失望的瞬間並非死胡同，反而是學習、成長，更加邁向願景的機會。

실망의 순간은 막다른 길이 아닙니다.

원하는 비전을 향해 도전을 하다 보면 실망감을 느낄 수가 있습니다. 이런 순간에 자신과 효율적인 대화를 한다면, 실망감으로 인해 좌절하는 일은 없을 것입니다. 오히려 실망스러웠던 순간이 값진 데이터가 될 수 있습니다. 핵심은 자기 자신과 솔직하고 생산적인 대화를 하는 것입니다. "이번에는 왜 효과가 없었을까?" "다음에 더 잘하기 위해서 무엇을 다르게 할 수 있을까?" "지금 나에게 무엇이 어렵고, 힘을 내려면 무엇을 해야 하지?" 실망의 순간은 막다른 길이 아닙니다. 배우고, 성장하고, 비전에 더 가까이 다가갈 수 있는 기회입니다.

Disappointing moments are not dead-ends.

· dead-end 死胡同   · run into 偶遇

Give feedback.

Great leaders give positive and constructive feedback regularly.
Lack of feedback can lead to miscommunication, delays, and other issues.
Giving effective feedback can improve an employee's performance.
"I really appreciate your hard work. Let's go over some areas to focus on together."
"Great job on this project! I have a few suggestions for how it could be even better."
"I noticed you were struggling with this task. Is everything okay?"

提供回饋

偉大的領導者，會定期給予正面又有建設性的回饋。回饋若不足，容易引起溝通、推遲或其他問題。若能提供有效的回饋，就能改善員工的成果。「很感謝你的努力，我們再一起觀察幾個地方吧。」「你真的做得很好！我有幾個有助於更加進步的建議。」「你好像在這個工作中遇到困難，還好嗎？」

피드백을 주세요.

위대한 리더는 정기적으로 긍정적이고 건설적인 피드백을 제공합니다. 피드백 부족은 의사소통 문제, 지연 및 기타 문제를 야기할 수 있습니다. 효과적인 피드백 제공은 직원의 성과를 향상시킬 수 있습니다. "당신의 노력에 대해 정말 감사합니다. 함께 몇 가지 영역을 다시 한번 살펴봅시다." "정말 잘하셨어요! 더 좋게 할 수 있는 몇 가지 제안이 있습니다.""이 작업에서 어려움을 겪고 있는 것 같네요. 괜찮은 건가요?"

Give feedback.

· go over 檢討　· suggestion 建議

Influence

"You can inspire and empower people to be the best version of themselves."

「你可以給人啟發與力量，讓他們發揮自己最棒的一面。」

"당신은 사람들이 자신의 최고의 모습이 되도록
영감을 주고 힘을 줄 수 있습니다."

from Day 91

What is a strong leader?

Being a strong leader does not mean you are demanding, arrogant, or dismissive of others. Being authoritative, overbearing, or disrespectful is not leadership.

It's about inspiring and empowering people around you.

A strong leader never makes individuals feel unsafe.

They make them feel safe to achieve greater success together.

強大的領導者是什麼樣的？

成為強大的領導者，並不代表傲慢或輕視他人。威權主義或過度的壓迫或無理，都不是所謂的領導能力。領導能力代表的是啟發周遭人，並給予他們權力。強大的領導者不會讓人感到不安，他們會給人安全感，以共同達到更巨大的成功。

강인한 리더는 무엇인가?

강인한 리더가 되는 것은 요구가 많고, 거만하거나 다른 사람들을 무시한다는 것을 의미하지 않습니다. 권위주의적이거나 지나치게 압도적이거나 무례한 것은 리더십이 아닙니다. 리더십은 주변 사람들에게 영감을 주고, 권한을 부여하는 것입니다. 강인한 리더는 개인들이 안전하지 않다고 느끼게 하지 않습니다. 개인들이 더 큰 성공을 함께 달성할 수 있도록 안전하다고 느끼게 만듭니다.

· demanding 要求多的　·arrogant 傲慢的　·dismissive 輕視的　·overbearing 高壓的

Good leadership transcends roles.

Having a high-ranking position doesn't automatically guarantee leadership. Leadership isn't about titles. Leadership is not simply about telling others what to do.
It's about collaborating, connecting, and inspiring.
Good leadership can come from anywhere. It transcends roles.
No matter where you are, you have the power to lead.
You can inspire and empower people to be the best version of themselves.

好的領導能力不只是角色

職位高並不代表領導能力強。領導能力與職位無關，也並非僅是告知他人該做的事情。領導能力在於與人合作、與人連結，以及給人啟發。優秀的領導能力可能出現在任何地方，它不只是個角色。不管你在哪裡，都會有帶領他人的能力，你可以給人啟發與力量，讓他們發揮自己最棒的一面。

좋은 리더십은 역할을 초월합니다.

직급이 높다고 해서 자동으로 리더십이 보장되는 것은 아닙니다. 리더십은 직급에 관한 것이 아닙니다. 리더십은 단순히 사람들에게 무엇을 해야 하는지를 알려 주는 것이 아닙니다. 리더십은 (사람들과) 협력하고, (사람들과) 연결하고, (사람들에게) 영감을 주는 것입니다. 훌륭한 리더십은 어디서든 나올 수 있습니다. 리더십은 역할을 초월합니다. 당신이 어디에 있든지, 당신은 이끌 힘이 있습니다. 당신은 사람들이 자신의 최고의 모습이 되도록 영감을 주고 힘을 줄 수 있습니다.

· transcend 超越　· guarantee 保障

How can I bring out their A-game?

The following are examples of thoughts that a leader can have when he or she doesn't trust people. Check to see if these thoughts are in your head.

"They're all out to get me."

"I'll show them who's boss."

On the other hand, these are thoughts you have when you trust people around you.

"How can I support them to bring out their A-game?"

"I'll always have their backs."

Which thoughts serve you to lead your team better?

如何引導出最大的能力？

當領導者不相信他人時，可以確認看看自己是否有類似想法：「每個人都在害我。」「讓你看看誰才是隊長。」然而，若你信賴周遭的人，便會思考：「我該如何支援，才能讓他們發揮最大的能力？」「我會一直保護他們。」你認為哪種想法比較能幫助領導團隊？

최고의 능력을 어떻게 이끌어 낼 수 있을까?

리더가 사람을 신뢰하지 않을 때 가질 수 있는 생각의 예는 다음과 같습니다. 이런 생각이 머릿속에 있는지 확인해 보세요. "모두 나를 해코지하려 하고 있어." "누가 대장인지 보여 주겠어." 반면, 다음은 당신 주변의 사람들을 신뢰하는 경우의 생각들입니다. "이들이 최고의 능력을 발휘하도록 어떻게 지원할 수 있을까?" "나는 항상 이들을 지켜 줄 거야." 팀을 더 잘 이끄는 데 도움이 되는 생각은 무엇인가요?

．A-game 最棒的戰鬥力　．have someone's back 困難時給予他人保護或協助

Think about what you can give.

It can be intimidating to meet people who are ahead of you.
Here's what will help you make the most out of your interactions with them.
Know that no one is there to judge you. They are there to inspire you and show you what's possible.
Being respectful is important, but there's no reason to sell yourself short.
Don't focus on what they think of you. Instead, think about what you can give them. Think about how you can make them feel comfortable, and genuinely enjoy the time you spend with them.

思考你可以給予什麼

與遙遙領先於你的人見面可能會讓你感到恐懼,但以下內容可以幫助你與這些人進行最佳的互動。請意識到,沒有人想評斷你,他們的存在是為了啟發你,並展示可能性。尊重他們固然重要,但不需要貶低自我的價值。不用去思考他們怎麼看待你,相反的,你應該思考的是自己能做出什麼貢獻。請想想怎樣才能讓他們感覺舒服,並真心地與他們共度愉快的時光。

무엇을 줄 수 있을지 생각해 보세요.

당신보다 앞서가는 사람들을 만나는 것이 두려울 수 있습니다. 다음 내용은 그런 사람들과 상호작용을 최대한 잘 하는 데 도움이 될 것입니다. 아무도 당신을 판단하려고 하는 것이 아님을 인지하세요. 그들은 당신에게 영감을 주고 가능성을 보여 주기 위해 있는 것입니다. 그들을 존중하는 것도 중요하지만, 스스로 가치를 낮출 필요는 없습니다. 그들이 당신을 어떻게 생각할지에 대해 집중하지 마세요. 대신 당신이 어떻게 기여할 수 있는지를 생각하세요. 그들을 어떻게 편안하게 느끼도록 할 수 있을지 생각하고, 진정으로 그들과 즐거운 시간을 보내세요.

· intimidating 恐懼的　· make the most out of 盡可能利用
· sell short 輕視　· genuinely 真正地

Keep an open heart.

Leaders get to meet countless people. They connect, share their hearts, and build relationships. However, like all relationships, some eventually come to an end. How you interpret this can either enrich your future connections or create obstacles.
If you approach each connection with gratitude, you can grow through your past connections and approach future relationships with a more abundant and open-hearted perspective without fear.

保持開放的心態

領導者會遇見許多人，會與許多人連結，與他們分享情感、建立關係。但天下沒有不散的筵席，根據你對此的理解不同，可能在未來與他人建立深厚情感，或與人產生距離。若能以感恩的心與他人連結，就能從過往的連結中成長，並無懼地以更開放的視野，在未來建立深厚的關係。

마음을 여세요.

리더는 수많은 사람들을 만납니다. 많은 사람들과 연결되고, 그들과 정을 나누며, 관계를 만들어 갑니다. 하지만 모든 관계가 그렇듯이 언젠가 종료되는 관계도 있기 마련입니다. 이것을 어떻게 해석할 것인지에 따라 앞으로 풍성한 관계를 맺을 수 있거나 벽을 만들게 될 수 있습니다. 사람과의 연결을 감사한 마음으로 접근한다면 과거의 연결로부터 성장해서 두려움 없이 더 풍부하고 열린 관점으로 미래의 관계까지 접근할 수 있습니다.

· countless 眾多   · enrich 使豐富

What mindset should you have?

When you're about to have a meeting at work, think about what person you'd most like to have alongside you. Regardless of how accomplished or intelligent someone may be, if their intention is to 'prove themselves,' that meeting might be unproductive.

You should prefer to partner with someone who is committed to the project's success.

So what mindset should you bring when you're about to meet someone or engage in a task? If it's a project, focus on its progress. In personal interactions, focus on building stronger connections.

應該抱持什麼心態？

請想一想，當你在公司開會時，最想跟誰在一起？不管再怎麼優秀或聰明的人，若他的目標是「證明自己」，該會議都不具生產性。你應該偏好能讓專案成功的搭檔。當你見某人或參加某事時，應該抱持什麼心態？若需要參加某項計畫，請專注在該計畫的發展。若為個人原因見面，則請專注在與他人關係的發展。

어떤 마음을 가져야 할까요?

회사에서 미팅을 할 때, 당신이 가장 함께하고 싶은 사람은 누구일까 생각해 보세요. 아무리 뛰어나거나 똑똑한 사람이라도, 그와 상관없이 그 사람의 목적이 '본인을 증명'하려고 하는 것이면 그 미팅은 비생산적일 것입니다. 당신은 프로젝트의 성공에 헌신적인 파트너를 선호할 것입니다. 누군가를 만나러 가거나 어떤 일에 참여할 때 어떤 마음을 가져야 할까요? 프로젝트에 참여할 일이 있으면 프로젝트의 발전에 집중하세요. 개인적으로 만날 일이 있으면 그 사람과 관계의 발전에 집중하세요.

_____

_____

_____

_____

_____

_____

_____

_____

_____

_____

_____

_____

_____

_____

_____

_____

_____

_____

· alongside 與～一起　· regardless of 無關於　· be committed to 對～貢獻

Don't point fingers.

True leaders don't point fingers.
True leaders don't blame the team.
This is because they are accountable.
True leaders take ownership.
By avoiding the act of blaming, leaders demonstrate teamwork, trust, and problem-solving skills.
"Let's focus on finding solutions."
"Let's learn from this and move forward."

不要責怪他人

真正的領導者不會責怪他人,也不會責備團隊,因為責任在他們身上。真正的領導者懂得負責,他會避免責怪他人的行為,並展現團隊合作、信賴與解決問題的能力。「專心找解決方案吧。」「從這次事件學習,繼續向前邁進吧。」

탓하지 마세요.

진정한 리더는 다른 사람을 탓하지 않습니다. 진정한 리더는 팀을 비난하지 않습니다. 이는 책임이 있기 때문입니다. 진정한 리더는 책임을 집니다. 리더는 탓하는 행위를 피함으로써, 팀워크, 신뢰, 문제 해결 능력을 보여 줍니다. "해결책을 찾는 데 집중합시다." "이번 일로 배움을 얻고 앞으로 나아가 봅시다."

· point finger 責備 · accountable 有責任的

You can lead.

Believe in yourself that you can lead.

If you don't believe in yourself, you cannot lead.

Those with self-doubt look to protect themselves.

"What would they think of me?"

"I don't deserve to be in this position."

Those with self-assurance look to uplift others.

"How can I empower my team?"

"What do they need from me to win?"

你可以領導他人

請相信你自己可以領導他人。不相信自己的人,才真的做不到。自我質疑的人會試圖保護自己:「他們是怎麼看待我的?」「我沒有資格待在這個位子。」有自信的人則會試圖提升他人士氣:「該怎麼做才能給予團隊力量?」「如果他們想贏(想成功),我可以給他們什麼?」

당신은 이끌 수 있습니다.

당신이 주도할 수 있다고 자신을 믿으세요. 자신을 믿지 않으면 이끌 수 없습니다. 자기 의심을 하는 사람들은 스스로를 보호하려고 합니다. "그들이 나를 어떻게 생각할까?" "나는 이런 위치에 있을 자격이 없어." 자기 확신을 가진 사람들은 다른 사람들의 사기를 올리려고 합니다. "어떻게 하면 팀에 힘을 실어 줄 수 있을까?" "그들이 이기려면(성공하려면) 내가 어떤 것을 줄 수 있을까?"

_____

_____

_____

_____

_____

_____

_____

_____

_____

_____

_____

_____

_____

_____

_____

_____

· deserve 有～的資格　· self-doubt 自我質疑　· self-assurance 自信　· uplift 提高

Raise the bar.

Raise the bar for yourself and the people around you.
It's a simple yet powerful way to propel everyone toward greater achievements.
Raising the bar is different from piling on pressure because it's not about doing more. It's about having a positive perspective, excitement, and belief both in yourself and others to excel.
Stop babysitting those in your circle and empower them to grow.
It's time to stop underestimating what both you and they are capable of.

提高標準

請為了自己與周遭人提高標準，這是一種讓所有人獲得更高成就、簡單又強力的方法。提高標準與給予負擔不同，它並非指做更多工作，而是代表你對自己與大家的卓越度抱持正面觀點、激動與信任。不要像照顧孩子一樣對待你周遭的人，而是賦予權力讓他們成長。從現在起，請別再低估自己與他們的能力。

기준을 높이세요.

자신과 주변 사람들을 위해 기준을 높이세요. 이것은 모든 사람을 더 큰 업적으로 이끌 수있는 간단하면서도 강력한 방법입니다. 기준을 높이는 것은 더 많은 일을 하는 것이 아니기에 부담을 주는 것과는 다릅니다. 당신 자신과 다른 사람들 모두가 탁월함에 대해 긍정적인 관점, 설렘, 믿음을 가지는 것입니다. 당신의 주변 사람들을 아이 돌보듯이 대하지 말고, 그들이 성장할 수 있도록 권한을 부여해 주세요. 이제는 당신과 그들의 능력에 대해서 과소평가하는 것을 그만두어야 합니다.

· raise the bar 提高標準　· propel 使邁進　· pile on 過於

People have different strengths.

People may not share the same strengths as you.
Person A might be detail-oriented and realistic.
Person B might be action-oriented and visionary.
It's not about who is right or wrong in a team.
As a leader, it's essential to recognize that different people complement each other. Each team member brings something valuable to the table.
"I appreciate your views on this."
"Your talents really complement our project."

每個人有不同優點

他人不一定跟你有一樣的優點。A注重細節，並且現實；B則以行動為導向，並抱持願景。這無關團隊內的是非對錯，而是作為領導者，必須意識到不同的人會彼此互補。每位成員皆能貢獻一己之力。「感謝你的意見。」「你的才能補強我們專案的不足。」

사람마다 다른 장점이 있습니다.

사람들은 당신과 같은 장점을 공유하지 않을 수도 있습니다. 사람 A는 디테일에 강하고 현실적일 수 있습니다. 사람 B는 행동 지향적이고 비전적일 수 있습니다. 팀에서 누가 옳고 그른지에 대한 것이 아닙니다. 리더로서 서로 다른 사람들이 서로 보완되는 것을 인식하는 것이 중요합니다. 각 팀원들은 귀중한 것을 기여합니다. "좋은 의견 감사해요." "당신의 재능은 우리의 프로젝트를 잘 보완해 줘요."

· complement 補足　· bring to the table 提供、貢獻有價值的東西

Decide two things.

Many people tend to overcomplicate the process of making decisions.
Simplifying it boils down to two fundamental transformative decisions.
First, who I am as a person (identity), and second, what matters most to
me (priorities).
For instance: the decision to transform into a decisive person (identity).
Secondly, prioritizing my company's prosperity over instant gratification
or indulgence (priorities).
What kind of person do you want to become? Decide to become that
person. What matters most to you right now? Prioritize it.

請決定兩件事

許多人在做決定時容易複雜化。要讓決定的過程單純化，可將其歸納為兩種基本
概念，以創造改變：第一，我是什麼樣的人（本質）；第二，對我來說什麼是重
要的（優先順序）。例如，決定要變成有果斷力的人（本質）。再來，比起瞬間
的快樂或愉悅，應將公司的繁榮視為優先（優先順序）。你希望自己成為什麼樣
的人？就請決定成為那樣的人。對你來說現在什麼最重要？請將它放到優先的位
置。

두 가지를 결정하세요.

많은 사람들이 결정의 과정을 필요 이상으로 복잡하게 만드는 경향이 있습니다. 결정의 과정을 단순화하는 것은 두
가지 근본적인 변화하는 결정으로 요약할 수 있습니다. 첫째는 내가 어떤 사람인지(정체성), 둘째는 나에게 무엇이 중
요한지(우선순위)입니다. 예를 들어, 결단력 있는 사람으로 변하겠다는 결정(정체성). 둘째, 순간적인 오락이나 쾌락
보다 회사의 번영을 우선으로 하는 것(우선순위). 당신은 어떤 사람이 되길 원하나요? 그 사람이 되겠다고 결정하세
요. 지금 당신에게 무엇이 중요한가요? 그것을 우선순위에 두세요.

· overcomplicate 使過於複雜　· simplify 單純化　· boil down to 歸納為
· fundamental 基本的　· transformative 變化的　· gratification 給予滿足　· indulgence 放縱

國家圖書館出版品預行編目資料

抄寫勵志英語 2：100天成就更強大的自己／傑伊（Jay Chun）、
莉亞（Leah Jean Kim）著；陳慧瑜 譯.
-- 初版. -- 臺北市：如何出版社有限公司，2024.07
240 面；17×23 公分. -- （Happy language；167）
ISBN 978-986-136-698-2（平裝）
1.CST：自我實現　2.CST：英語 3. CST：語言學習

177.2　　　　　　　　　　　　　　　　　　113007066

www.booklife.com.tw　　　　　　　　　reader@mail.eurasian.com.tw

Happy Language 167

抄寫勵志英語2： 100天成就更強大的自己

作　　者／傑伊（Jay Chun）、莉亞（Leah Jean Kim）
譯　　者／陳慧瑜
發 行 人／簡志忠
出 版 者／如何出版社有限公司
地　　址／臺北市南京東路四段50號6樓之1
電　　話／（02）2579-6600・2579-8800・2570-3939
傳　　真／（02）2579-0338・2577-3220・2570-3636
副 社 長／陳秋月
副總編輯／賴良珠
責任編輯／柳怡如
校　　對／柳怡如・歐玟秀
美術編輯／林韋伶
行銷企畫／陳禹伶・林雅雯
印務統籌／劉鳳剛・高榮祥
監　　印／高榮祥
排　　版／陳采淇
經 銷 商／叩應股份有限公司
郵撥帳號／ 18707239
法律顧問／圓神出版事業機構法律顧問　蕭雄淋律師
印　　刷／國碩印前科技股份有限公司
2024年7月　初版
2024年9月　3刷

성공하는 리더들의 영어 필사 100일의 기적
(100 Days of English Transcription by Successful Leaders)
Copyright © 2023 by 퍼포먼스 코치 제이(Jay Chun), 퍼포먼스 코치 리아(Leah Jean Kim)
All rights reserved.
Complex Chinese Copyright © 2024 by Solution Publishing
Complex Chinese translation Copyright is arranged with Nexus Co., Ltd.
through Eric Yang Agency

定價 380 元　　　　　ISBN　978-986-136-698-2　　　　　版權所有・翻印必究
◎本書如有缺頁、破損、裝訂錯誤，請寄回本公司調換　　　　Printed in Taiwan